LOCAL

地方都市中小企業の「価値」と「思い」を
次世代につなぐ究極解

How will Local M&A
change Japanese society?

ローカルM&A

Local Mergers and
Acquisitions

小川潤也
JUNYA OGAWA

発行・日刊現代／発売・講談社

はじめに

この本は地方都市の中小企業M&Aについての本であり、キーワードは3つあります。すなわち、「M&A」「中小企業」「地方都市」です。

そもそもM&A（エムアンドエー）とは、「Mergers and Acquisitions」（合併と買収）の頭文字をとった略語です。合併も買収も、大ざっぱにとらえれば似たような概念で、要するに企業や事業を買い取って自社の事業を拡大することをさします。

もともとは買う側の企業や仲介業者などの第三者が使用していた言葉だったのですが、近年では売る側の企業も使うようになりました。つまり原義にはない「売却」の意味もこめられるようになってきています。なぜかといえば、企業を大きくするために「買収」したいというニーズだけでなく、適切な後継者が見つからないので「売却」したいというニーズが、日本では特に高まっているからです。そのために「M&Aをしたい」という言葉が、「買収したい」だけでなく「売却したい」の意味でも使われるようになりました。

本書は企業や事業を買いたいという方にも、その逆に売りたいという方にも、どちらにも読んでいただけるものとなっています。しかし、実際にM&Aを実行するにはいくつかの課題をクリアする必要があります。それが残りの2つのキーワード「中小企業」と「地方都市」です。

日本のマスメディアにM&Aの記事が載るときには、それはたいてい誰もがよく知る大企業の事例になります。たとえば、セブン&アイ・ホールディングスは2006年にそごう・西武（当時はミレニアムリテイリング）を傘下に収めましたが、コロナ禍や少子高齢化などの影響で赤字経営が続き、2022年にその全株式をフォートレス・インベストメント・グループに譲渡しました。ほかにも、2022年に文具メーカーのコクヨは、保有するぺんてるの全株式をプラスへ譲渡することを発表し、ぺんてるの経営の独立性を尊重しながら、製造・開発や国内・海外事業などの分野でぺんてると協業する方針を発表しています。

また、コンビニエンスストア業界では、ファミリーマートがサークルKサンクスとエーエム・ピーエムを買収して巨大チェーンとなった事例、百貨店業界では三越と伊勢丹、大丸と松坂屋、阪急と阪神、そごうと西武などの経営統合がM&Aによって行われた事例などが有名です。

しかし、実際に日本で毎年行われているM&Aの多くは、未上場の中小企業を対象にしたものです。それは大企業よりも中小企業のほうが会社や事業を売却するニーズが強いからです。その理由の多くは「後継者難」にあります。

中小企業とひと口に言ってもさまざまな形態がありますが、ここでは株式のほぼすべてを家族や親戚の間で保有しているようなオーナー企業をイメージしてください。オーナーである会長や社長は、心情的に自分の息子や娘に事業を継がせたいと考えるものですが、今の時代には息子や娘の意思も重要です。子どもが親の事業に興味を持たない、あるいは事業経営に向いていないといった事態は、日本中でかなりの頻度で起きています。

従業員に経営を譲るという選択肢もありますが、ここで問題になるのがその対価です。ありていにいえば、一人の従業員には企業や事業そのものを買い取るような資金はありませんし、そこまでしてオーナー社長になりたいという願望もないことが多いのです。こうして後継者難から行き場を失った中小企業が全国に生まれています。

そのような観点から、中小企業のM&Aが現在の日本では重要な課題となってきています。ここで問題になるのが最後のキーワードである「地方都市」です。

未上場の中小企業のM&Aというものは、市場での株価がないだけに価格の査定が難しく、また売り手と買い手のマッチングも困難になるため、専門のM&A業者の仲介を必要とします。東京であればM&A仲介会社も多く情報はいくらでも入ってきますが、地方都市となるとまだまだ情報格差があるのが実情です。

東京と地方都市で、そんなにM&Aのやり方が変わってくるのか？　と感じる方がいるかもしれません。実際、大手M&A仲介会社は地方都市の中小企業も扱っていますが、長年、地方都市の中小企業をメインにM&Aの仲介を手がけてきた私から見れば、もっといい結果にできたのではないか、と思うようなM&Aも散見されます。

実際に先日、大手仲介会社に自社の売却を頼んだけれども、あらためて弊社に依頼したい、という社長からお話をうかがいました。事情を聞くと、どうやらその仲介会社が買い手企業の要望ばかりを重視し、売り手企業の望みを斟酌してくれないようでした。

詳しくは本文でもお話ししますが、M&A仲介会社というのは、売り手にも買い手にも中立的な立場というのが原則ですが、買い手がつかなければ成功報酬がもらえないシステムになっています。そのため、時として買い手側に立っているように見えることがあるものです。

もちろん弊社も同じシステムをとってはいるのですが、地方都市の中小企業の一員として、売り手側の気持ちが十二分に理解できるため、買い手側の要望だけを無理に通して成約させたいとは考えていません。

私が理想としているのは、売り手側も買い手側も双方に不満がなく、かかわった人すべてにメリットがあるような、ハッピーなM&Aです。

現在、地方都市では日ごとにM&Aの必要性が高まっているものの、その実態はあまり知られていません。もっといえば、地方都市の中小企業経営者にこそM&Aは必要とされているのに、それがどのようなものであるのかが理解されていないのです。

そこで本書では、地方都市の中小企業のM&Aが難しい要因、その要因を解消してM&Aを成功させるために必要な知識やポイントを解説していきたいと思います。

私は新潟県生まれですが、東京の大学に進学してメガバンクに就職しました。

新人の頃は故郷とはまた異なる地方都市の支店に配属され、そこで地元の中小企業への融資を担当していたのですが、そこで出会った社長さんたちは、それぞれ自分の城を自力で築き、仕事に対して一家言を持つ魅力的な方ばかりでした。

あるとき、そのなかの一人から、「新規事業の資金を作るために、事業を売却したい」という相談を受けました。今だったらすぐにどうしたらよいかわかるのですが、当時はM&Aについての知識がなかったため、結果としてお力になることができませんでした。そのときの悔しさは今でも心に残っています。

その後銀行を退職し、Uターンして父のつくった会社の一つを引き継ぎました。久しぶりに戻った故郷の地方都市で仕事を続けるうちに、以前とは異なり後継者不在や事業承継に悩む中小企業の社長が数多くいることに徐々に気づくようになりました。そして、その方たちのためにM&A仲介を行う株式会社絆コーポレーションを、新たに設立したのです。

これまでさまざまな中小企業のM&Aをお手伝いさせていただき、そのなかで至ったのが、「サステナブルM&A」という考え方です。「サステナブル」という言葉じたいは、近年のSDGsという概念の広まりとともに急速に知られるようになりましたが、「持続可能性」「永続性」を指すこの言葉が、自分が携わるM&Aにもいえるのではないかと考えるようになりました。

売り手企業からすれば、会社を売ることで、自社が長きにわたって築き上げてきた価値を次世代に引き継ぐことができる。買い手からすれば、新たな価値を取り入れることで、これまでとは違った方向に発展することができる。後継者不足が叫ばれ、企業を取り巻く環境が劇的に変化する現代においては、廃業に追いやられる企業も多数存在します。そのなかで、売り手企業と買い手企業の永続性を追求するには、M&Aこそが究極の解となりうるのではないか。そんなふうに思うのです。

地方都市の中小企業M&Aのありかたを正しく理解して実践することは、地方社会ならびに日本社会の活性化につながり、社会的にも大きな意義をもたらすことだと信じています。本書を通じて、一人でも多くの方の悩みを解消する手助けができれば、これに勝る喜びはございません。

目次

第2章 ローカルM&Aの工程――63

第3章 ローカルM&Aの活路——109

第4章 M&Aの行方——157

第1章

ローカルM&Aの実情

ローカルM&Aとは何か

本書のテーマである「ローカル中小企業のM&A」、すなわち「ローカルM&A」とはどのようなものなのかについて、お話ししていきましょう。

ニュースで話題になるM&Aといえば、いわゆる大手企業のM&Aばかりですが、株式の一部を取得することで経営に参画するなどといったニュースを見たことがある人もいるかもしれません。しかしローカルM&Aの場合には、そういったケースはほとんどありません。

ローカルM&Aにおいては、ほとんどの場合、株式や事業をすべて売却することでその企業の資産、従業員、取引先などをすべて譲り渡すことになります。つまり買い手側から見れば、他の企業の株をすべて購入することで、その企業の実質的なオーナーとなり、経営権を手に入れることになります。逆に売り手側から見れば、自分がオーナーであった企業の株式や事業をすべて売却することで、それまで自分が所有し、経営に関与していた企業を手放すことになります。

ローカルM&Aとは、まず何よりも企業そのものの売買であり、売り手側にとってみれば、おそらくは自分が長年精魂を傾けて経営してきた企業が自分のものではなくなることです。

ですから、人によっては想像以上に重い経験になります。

もちろんなかには、ローカル中小企業の経営を負担に感じていて、早く手放したいという方もいます。

日本の企業の倒産件数は毎月500〜600件あり、その多くが中小零細企業です。倒産件数の推移を見ると、2010年代後半は毎月700〜800件あった倒産件数が、2020年5月に288件と大きく落ち込み、以降は減少しているように見えます。これはおそらく新型コロナウイルスの感染拡大に伴い、政府の給付金支給やコロナ融資が行われ、金融機関も返済猶予などの措置

図1　件数・負債総額の推移

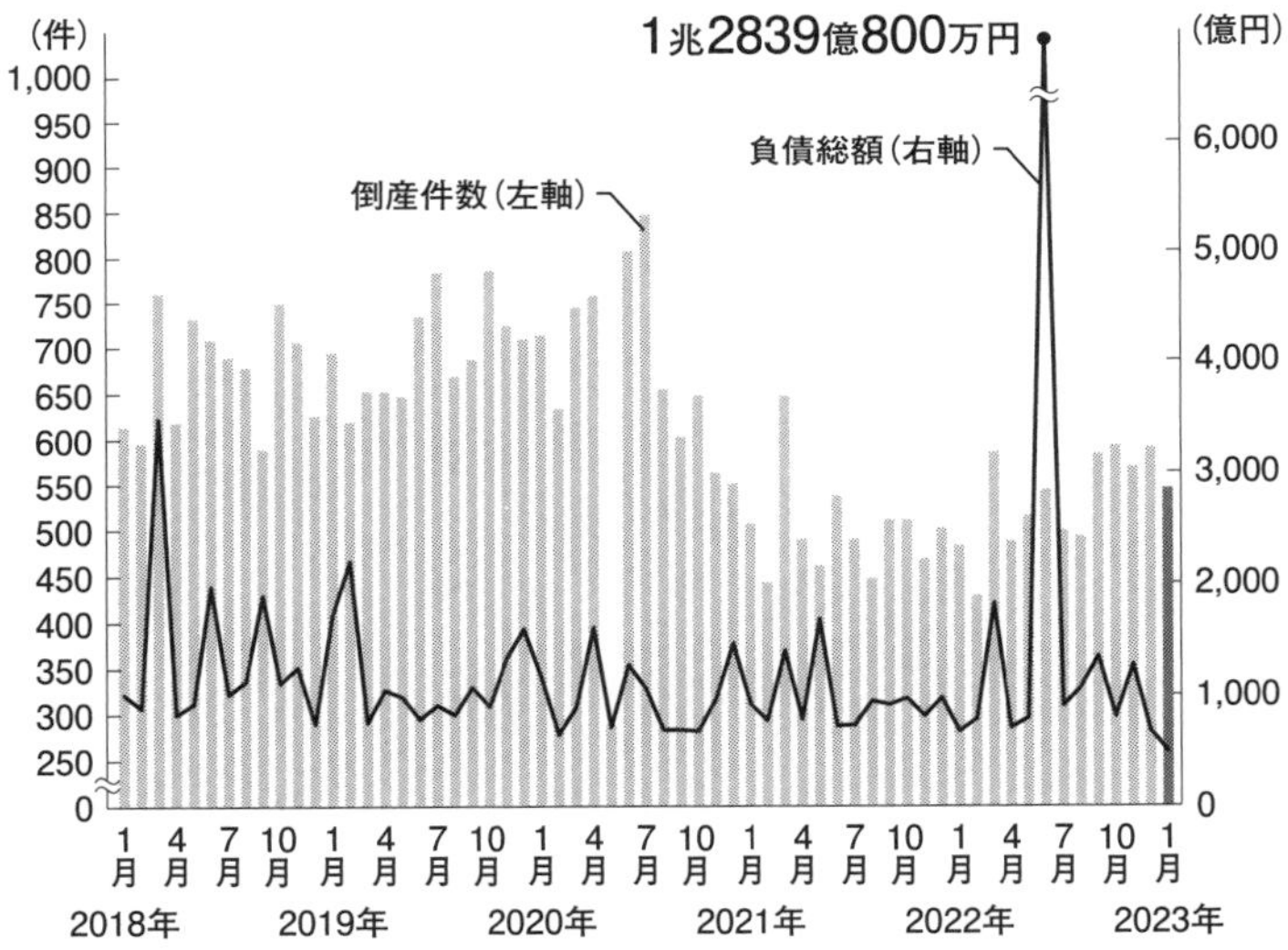

出典：帝国データバンク「倒産集計（2023年1月報）」をもとに作成

をとったことが理由にあたります。

しかし２０２３年５月８日から新型コロナウイルス感染症は、インフルエンザと同じ５類感染症に移行しました。３年以上にわたったコロナ禍に終止符が打たれるわけですが、それと同時に政府がコロナ禍の中小企業を救済するために行ったゼロゼロ融資（実質無利子・無担保融資）も終わりを迎え、返済期限が迫ってきています。

おそらく２０２３年度からは、コロナ融資でなんとか延命してきたものの、業績を回復させることのできなかった多くの中小零細企業の倒産ラッシュが始まるであろうことは、容易に想像できます。

ローカルM&Aの実態

ただし、ここで注意していただきたいのですが、ローカルM＆Aは、そのような赤字続きで倒産寸前の会社を救うものではありません。

M&Aが成立するには、売り手と買い手の双方が必要です。赤字続きで倒産寸前の企業の場合は、よほど営業基盤や魅力的な商品、サービスでもない限り、買い手が見つかることはありません。

一方で、負債はあっても営業利益が出ている企業であれば、M&Aの買い手が見つかる可能性はまだあります。そのような企業では、黒字続きなのに負債が大きすぎて返済が長期にわたっていて、それなのに社長が高齢となり、よい後継者も見つからず、将来に希望が見えないという事態が頻発しています。

私は、いま日本にどんどん増えているこのようなローカル中小企業こそ、M&Aによって救われるべき会社だと考えています。

企業を回すのは、ヒトとモノとカネです。M&Aによってヒトが交代し、新たな資本としてモノとカネが投入されれば、息を吹き返す中小企業はたくさんあります。

これまでの経営が悪かったというわけではありませんが、かつてはうまくいっていたやり方が、時代の変化によって通用しなくなるケースはたくさんあります。長い間にたまってしまった澱や凝り固まった考えが、企業に新風を吹かすことを阻んでいることもあるでしょう。

さらに、サラリーマンであれば定年を迎えて悠々自適の退職生活を送れるような年齢を超えて、会社経営からリタイアしたいと思いつつも、それができない経営者がいるとすれば、非常に気の毒なことです。よい後継者が見つからず、「自分が手を引けば会社がつぶれてしまう」との使命感から、引退できずにいるケースもあるでしょう。

この難題を解決するのが、ローカルＭ＆Ａなのです。

繰り返しますが、ローカルＭ＆Ａでは株式や事業をすべて売却してその会社を手放すことになりますから、多くの経営者にとっては多少寂しさを感じるかもしれません。

しかし別の視点から見れば、会社が創業社長や創業家から離れたとしても、社会のなかで永続的に存続する可能性を探ることになります。親離れ、子離れではありませんが、手塩にかけてきた会社の独り立ちを見送るようなものといえばいいでしょうか。

そして、会社は社会の資産であるという観点から見れば、すでに社会の一部として機能しているローカル中小企業を、あたらつぶすことなく、地域のなかで活かしていく方法を見つけることになります。

このようなローカルM&Aを、私は「サステナブルM&A」とも呼んでいますが、売り手と買い手の両方にとって、そしてその会社が根ざす地域社会にとって、まさに「三方よし」となるようなM&Aを理想としています。

ローカル中小企業の実情

ここで、ローカル中小企業を取り巻く実情をもうすこし整理しておきましょう。

ローカル中小企業の抱える問題として一般的によく話題に上るのが、後継者不在の問題です。

日本政策金融公庫の調査によれば、60歳以上の経営者の過半数が将来的な廃業を予定しています。その理由の約3割がなんと「後継者難」です。たとえ事業が黒字であっても、後継者が見つからないために廃業をする企業も少なくありません。帝国データバンクによれば「後継者難倒産」は毎年400件超発生しています。

同じく帝国データバンクの全国企業「後継者不在率」動向調査（2022年）によれば、全国約27万社のうち、57・2％が調査時点で「後継者不在」でした。半数を超えていますが、これは2011年の調査開始から初めて60％を下回ったもので、この12年間で最も良い結果なのです。2017年には「後継者不在」企業の割合は66・5％もありました。

近年、後継者不在問題が解消しつつあるのは、ようやく中小企業にもM&A

が普及してきたからです。２０２２年に行われた企業の事業承継のうち、家族や親戚などが後を継ぐ「同族承継」は34％ありましたが、その一方で他の企業に事業を承継する「M＆Aほか」が20・3％に上昇しています。

また、現在の後継候補者についても見てみると、最も多かったのが「非同族」の36・1％であり、「子ども」の35・6％を抜いて初めて首位になったと記されています。長らく家族経営が主流とされてきた日本の中小企業にも、ようやく脱ファミリーとM＆Aの選択肢が現れたようです。

このような調査結果を見ると、後継者難問題が深刻化している一方で、M＆Aの普及によって問題の解決がはかられつつあることも見えてきます。

本書の主題はローカル中小企業のM＆Aなので、都道府県別の「後継者不在率」を見てみましょう。最も率が高いのは島根県で75・1％、その次に鳥取県、秋田県と続きます。このように見ると後継者不在率は人口減少とも関連しているようにも思えます。そもそもの問題として人手不足が根底にあるのでしょう。

一方、「後継者不在率」が低いのは三重県で29・4％と突出した数字を示しています。帝国データバンクによれば「地域金融機関などが密着して支援を行っていることに加え、経営や商圏が比較的安定している」ことから経営が引き継ぎやすいのだそうです。つまり、息子や娘に引き継がせることが難しいのは同じですが、他の選択肢が充実しているために後継者にそれほど困っていないのです。

大切なのは、血縁関係にこだわらずに企業を存続させる方法を考えることなのかもしれません。

M&Aとは何か

M&Aとは、Mergers and Acquisitions（買収と合併）の略語です。この言葉だけを見ると、M&Aという概念は海外から輸入された新しい流行語のように思えるかもしれませんが、M&Aを「企業の買収と合併」と日本語で書いてみれば、それほど目新しいものでも難しいものでもないことがわかるでしょう。

それでは、「企業の買収と合併」を成立させるために必要なものは何か。それは「株式の売買」です。

株式会社という概念が西洋から入ってきたのが江戸時代であり、日本ではその頃からM&Aの事例が見られるようになってきます。

江戸時代の富商だった三井や住友に加えて、明治時代になると三菱や渋沢といった新たな企業が生まれて財閥と呼ばれる巨大企業を築き上げました。それらの財閥は明治末期や大正時代の不況を背景に次々と中小企業を吸収合併して、業界を独占していきました。

昭和時代になると戦争が始まり、国家総動員体制のもと、ますます経済の寡占が進んだのですが、終戦後に財閥解体が行われて、企業の吸収合併は一時的に下火となります。

はっきりとした資料は見つかりませんが、おそらく日本のメディアでM&Aという外来語が使われるようになったのは、バブル期以降のことだと思います。

当時は日本企業による海外企業の買収が盛んになっていて、その過程でM&

Aという言葉も輸入されたのでしょう。というのも、欧米ではM&Aは当たり前のように行われていたからです。

バブル期に、日本企業は海外企業のM&Aを積極的に進めましたが、国内においてはあまりM&Aを行いませんでした。おそらく当時の日本ではまだ会社の売却が当たり前のことになっておらず、売り手企業が少なかったためにM&Aが活発にならなかったのだと思います。

統計によれば、2021年の日本のM&Aは年間約4300件あります。1985年の統計開始時は年間約260件でしたので、36年間で16・5倍に増えています。平均すると、日本全国で毎日10件以上のM&Aが成立していることになりますから、かなり多いといってもいいのではないでしょうか。また、統計の数字に表れない小規模な事業売却などはこのほかにもあるので、実際の件数はもっと多いものと思われます。

アベノミクスによって景気が上昇した2018年以降、M&Aの件数は統計上だけでも毎年4000件前後を記録しています。日本国内のM&Aはかつてないほど活発化しているといっても過言ではありません。その原因の最たるものが、中小企業の後継者不在問題です。

ローカル中小企業と大手企業の違い

日本にある企業の数はおよそ３６７万社で、そのうち９９・７％が中小企業だと言われています。しかし、大企業と中小企業の境目はどこにあるのでしょうか。

中小企業庁によれば、定義は業種によって異なります。

しかしこの本ではよりわかりやすく、上場していれば大企業、上場していなくても資本金１億円以上であれば大手に準じる中堅企業、未上場で資本金１億円未満であれば中小企業と定義しておきましょう。

では、定義ではなく実質として大企業と中小企業は何が違うのでしょうか。

これも簡単にいえば、中小企業のほとんどは家族経営の同族企業であると位置づけられます。

同族企業がいちがいに悪いというわけではありません。スイスのザンクトガレン大学の研究者によれば「世界の企業の8割以上は同族経営」なのですから、むしろ企業の一般的形態といってもいいかもしれません。

しかし大企業であればともかく、地方都市の家族経営の中小企業の場合、経営の後継者が社長の子ども以外に見つからないというのが大きな難点になります。

売り上げ規模がそれほど大きくないために、社長が高齢になって後継者不在となると、すぐに廃業という選択肢を考えてしまう傾向が強いのです。

しかし売り上げが小さくとも順調に仕事が回っている企業がなくなってしまうのは、社会にとって損失になります。従業員が数名から十数名であっても、その人たちの生活を支えているのですから、存続するのに越したことはありません。

もちろんなかには、続ければ続けるほど赤字が膨らむばかりなので、廃業したほうがいいというケースもあります。しかし赤字企業でも経営者が代われば黒字化することもありますし、また赤字と黒字を行ったり来たりの企業でも、仕事が回っている限りは従業員の生活を保障できるというメリットがあります。

ひとたび立ち上がって顧客がついている事業は、そんなに簡単につぶすものではないと思います。

企業経営者は、社会および従業員への責任を負っていると、自戒を込めて私は考えています。特に廃業は従業員の生活も奪うという重大な出来事ですから、後継者がいないというだけで廃業を考えず、他の選択肢を模索すべきです。

もちろん、せっかく大学に行って安定した大企業に勤めている子どもに、個人保証の借金を背負わせてまで赤字企業を継いでもらうのは申し訳ない、という意見もあるでしょう。現に「息子や娘に負債を負わせたくない」「自分の代できれいに終わらせたい」と語る経営者はおおぜいいます。

無借金経営の黒字企業だったとしても、子どもが親の仕事にあまり興味を持っていない場合には、子どもの人生を邪魔したり干渉したりはよくないというのが昨今の一般的な考え方です。

また、子どもに意欲があったとしても、親から見てその子が能力的に向いていないというケースも考えられます。親子間で職を継ぐという前近代的なやり方は、能力主義の現代にはそもそもそぐわない面があるのです。

だからといって、子どもに継がせられないなら廃業の一択、という考え方も寂しいものです。地方都市の中小企業の社長の中には、売り上げ規模が小さいために自社の価値を必要以上に低く見積もっている方もいらっしゃいますが、創業して何十年も経営を続けてこられたというだけでも社会的に価値のある立派な企業です。Ｍ＆Ａによる事業承継も選択肢のひとつではないでしょうか。

欧米と日本のM&A意識の違い

私は、こうした課題を抱えるローカル中小企業にとっての究極の解決策となるのがＭ＆Ａだと考えています。

しかし、ローカル中小企業が行うM&Aというのは、一般的なM&Aとは異なる特殊性が見られます。

日本にM&Aという言葉が輸入されてきたとき、すでに欧米ではM&Aが発展して社会に浸透していたために、海外と日本とではM&Aに対する意識に違いが見られました。

たとえばアメリカなどでは、起業してある程度成功したら事業や企業を売却するというのがベンチャー創業者の王道ですが、日本のベンチャー創業者は成功した事業や企業を自分でもっと大きく育てようと、社長として指揮を執り続けることが多いのです。

どちらが良い悪いという話ではないのですが、所有物に対してアメリカ人はドライで、日本人はウェットな感性を持ちがちのような気がします。

不動産にも同じことがいえます。アメリカでは家はどんどん住み替えて大きくしていく住宅すごろくが当然のように行われていますが、日本では手に入れた土地や家を守り続ける人が少なくないと思います。特に親から受け継いだ会社や家だったりすると、心情的に売却しにくくなる人が多いのではないでしょうか。

とはいえ実際のところ、「代々受け継いだ不動産をすべて売って自由になりたい」というのは、地主であれば誰でも一度は考えたことがあるはずです。会社経営者でも「会社の売却」をまったく考えたことがないという人は少ないでしょう。以前はネガティブなイメージがあったためにあまり公言はできなかったのですが、潜在的なニーズは相当高いと見ています。

アメリカの経営者は「自社を売って次世代につなげられれば成功」という意識でいますが、日本では「会社を売る」ことに罪悪感を覚える人が一昔前までは多かったようです。これは呪縛というかしがらみのようなもので、先祖代々続いていると「自分の代で終わらせてはいけない」というプレッシャーがあって、それに苦しんでいる人も多いと思います。

そのためか、15年くらい前まではM＆Aに対してもややネガティブなイメージを持っている人がいました。たとえば２００５年に中小企業のライブドアがフジテレビの支配権を得るために、親会社のラジオ局・ニッポン放送に敵対的M&Aを仕掛けたときは、ライブドアに対する非難の声が多かったように思います。

現在、M&Aと呼ばれているものはほぼすべてが友好的M&Aですので、ライブドアとニッポン放送とはまったく事情が異なるのですが、そもそも会社の買収という事態そのものに忌避感のある人もいたように記憶しています。

当時はまだ、自社のM&Aが発表されると「この会社はどうなるのか」と従業員に衝撃が走ったものです。しかしM&Aの事例が積み重なり、日本でもM&Aが市民権を得られるようになった現在、そのような誤解をする人は少なくなりました。

一昔前であれば日本の会社を外国に売ったとか、親から受け継いだ会社を守れなかったとか言われたものですが、現在はどちらかといえば苦境の会社を救済したイメージになったと思います。

実際、M&Aが行われたところで、買収された企業の状況が悪化することはまれで、むしろ働きやすくなったとの感覚を抱く人も少なくありません。

M&Aは倒産とはまったく異なり、従業員にとっては「経営者の交代」でしかありません。前の経営者と新しい経営者とを比較して相性の良い悪いはあるかもしれませんが、経営者と直接の交流がある従業員は少ないでしょうから、異動や昇進によって上司が代わることよりはずっと適応がしやすい状況です。

M&Aが社会に浸透したことは、離職や転職がしやすくなったことと同じで、社会の流動性や柔軟性が高まったことを意味します。企業を社会の資産と考えれば、M&Aはその資産をより効率よく活かすことにつながっていると考えられます。

親から受け継いだ土地や会社を売却するということに積極的になる必要はありませんが、それによる心理的な負担に苦しんでいる人がいるのであれば、すこしでも楽になってほしい。これは、私がこの仕事をしている理由の一つです。

ローカルM&Aの理想

こうした背景から、かつてM&Aによる買収といえば、資金力のある大企業が行うものと思われていました。ところが現在は売り上げが1億円以下の企業も買い手として加わるなど、M&A市場が大きく広がり、それに合わせてM&A関連のサービスも多様化してきました。

一昔前はM&Aのサービスを行うのは銀行と証券会社の2つしかありませんでした。それまでのM&Aは大企業向けのサービスだったからです。

その要因としては、先に述べたように、日本にはM&Aに対する心理的な障壁があったので、中小企業のM&A市場が小さかったという背景があります。中小企業のM&Aニーズが高くないために、銀行も証券会社もそれほど力を入れず、大企業用の高度な専門知識を持つ専門家だけが担えるサービスとして、高額な手数料体系が設定されていました。M&Aの専門家が少ないため、より大きな取引が狙える大企業に限定されていたという事情もあると思います。

そこに目をつけて90年代に起業したのが、現在のM＆A業界の最大手である日本M＆Aセンターです。２００６年にマザーズに上場した同社は、日本のM＆A業界の草分けとして市場を開拓してきました。一時はM＆A仲介業者のイメージを体現する存在で、その後を追うように大手仲介業者の数は増えていきました。

とはいえ、私のような地方都市・中小企業向けのM＆A仲介業者から見ると、大手は規模のメリットを活かしてできるだけ効率のよい取引をしようとするために、売り手企業にとって最もよいと思われる買い手の探索を熱心にやらないところがあるように思われます。

M＆A仲介業というものは、不動産仲介業と同じで、取引が成立した時点でその価格の数%を成功報酬として受け取ります。言い換えれば、基本的には売買が成立しなければ売り上げが立たないため、手数料目当てでディールをつくるようになってしまいます。つまり、手数料に見合わない手間をかけたがらなくなるのです。

そのため、着手金や中間報酬を得ることで是正しようとはしていますが、売りにくい企業はそもそも中小企業であることが多いため、取引が成立しても売却価格はそれほど高くならず、報酬も少ないことに変わりはありません。

そのため、後継者に困るような中小零細企業になればなるほど、M&Aで売却がしたくても買い手企業が見つからず、問題を解決できないことが多いのです。


私のように地方都市の中小企業のM&Aを専門にやっていると、「以前に大手M&A仲介業者に依頼したけれども、買い手が見つからなかった」となげいている経営者に会うことが少なくありません。

しかし、中小企業だから買い手が見つからないわけではありません。たとえ中小企業でも経営が順調であれば、すぐに買い手は見つかります。それでも見つからないとしたら、手間をかけて買い手の探索をやっていない可能性があります。

ローカル中小企業の場合、その商圏がローカルエリアであるがゆえに、そこに興味を持つ企業が相対的に少ないとはいえます。また、成長産業であればいいのですが、そうでなければ絶対的な企業数も少なくなり、ここにもローカルM&Aの難しさがあります。

借入金の問題もあります。ローカル中小企業の売り手側は、社長が借入金の保証人となっているケースがほとんどで、その連帯保証を解消することがM&Aの目的であることが少なくありません。ですので、借入金の肩代わりと譲渡価格の合計がその会社の企業価値となり、それに見合うだけの魅力があるかどうかが焦点となります。

最後に、アピールの問題があります。ローカル中小企業の魅力は、実際にその企業に足をのばして社長とじかに話せる人でなければ引き出せないところがあります。誰もが知っている大手企業であれば、知名度だけで売ることができますが、そうでないローカル中小企業は、確かな魅力があっても表に出にくいのです。

そのため、ローカルM&Aを成功させるには、手間はかかりますが売り手企業に真摯に向き合い、その魅力をしっかり把握したうえで最適な買い手を探す努力が不可欠です。

私は、それこそがサステナブルなM&Aだと考えています。大手仲介業者の効率を重視した方法では、売り手と買い手の双方が本当に満足できるとは限りません。

その意味では、地元の金融機関に相談すると、その地域での企業の強みや魅力をしっかり理解してくれそうですが、最近はどこの地銀もM&Aの専門部署を持ち、M&Aに積極的です。私たちも地銀と連携し、一緒に案件を手がけております。しかし、信用金庫や信用組合には専門部隊をもつところが少ないようです。

要は自分の会社の魅力やその地域の特性を理解し、どんな会社が買いそうかをしっかり考えてくれて、しがらみなく動いてくれるＭ＆Ａ仲介業者とめぐり合うことが肝要です。

Ｍ＆Ａの本質に立ち返る

こうした実情から、ローカル中小企業がＭ＆Ａを成功させるには、ローカルＭ＆Ａ独自の視点をしっかり理解して臨むことが不可欠となります。

そもそもＭ＆Ａ仲介業の肝は、売り手と買い手のマッチングです。

私たちＭ＆Ａ仲介業者は、企業を売りたいというお客様、あるいは企業を買いたいというお客さまの意向を受けて、ごまんとある企業のなかからそれぞれに最適の相手を探し出します。

総務省と経済産業省が２０２２年に発表した経済センサス-活動調査の結果によれば、日本全国の企業数は約３６７万社です。5万どころか３６７万社のなかからマッチングするのですから、やみくもに営業をかけるわけにはいきません。

大手M&A仲介業者の強みは、それまでの長年の営業活動によって蓄積した候補企業のデータベースとネットワークです。大手は大量のリストを抱えていますから、そのリスト内でマッチングするようであればスムーズにビジネスが進みます。逆にそうでない場合は進行がとどこおりがちです。

「スムーズに決まるのであればそれでいい」という考え方もありますが、M&A仲介業の本質は、「買いたいお客をいかに多く抱えているか」ではなく、「いかに探していくか」にあります。売り手企業の経営者と対話し、会社の価値、社風、従業員、エリアの特性を見極め、しかるのちにそこに合う買い手を探索する。この買い手の探索こそ、M&A仲介業者の力量が試されるところだと私は考えています。

M&Aにおいては、売り手と買い手の思惑が大きく異なることがままあります。一般的に、買い手は「儲かっている会社がほしい」と考えるものです。要は、M&Aすることにより、売り上げや利益がさらに拡大成長できる可能性を求めています。

よって、そこそこ利益があり、貸借対照表（ＢＳ）もきれいな状態であれば、すぐに買い手は見つかります。しかし実際には、利益がマイナスであったり固定資産が多かったり借入金が多かったりなど、土地が社長の個人資産であったりいろいろな課題がある場合が多いのです。

つまり、売り手の魅力をいかに見つけるか、そして買い手を探し、その魅力が買い手の求めているシナジーとなるか、これを追求しつづけることにより、Ｍ＆Ａが成約に至るのです。

そこをすり合わせてマッチングさせるのが、Ｍ＆Ａ仲介の本質だと私は考えています。

大手の場合、自分たちの「顧客企業リスト」の中から買い手候補が現れなければ、この案件はペンディングとなるのですが、私たちは、その企業に合った買い手企業を見つけるまで探し続けることにしています。

ですから、私たちは売り手企業に合わせて買い手企業の候補をリストアップして営業をかけています。そこで興味を示してくれる企業が見つかったのち、M&A成立に向けて交渉をしていきます。

そこから、売り手側にも買い手側にも不満が残らないように仕立てるのが、M&A仲介会社の腕の見せどころです。

M&Aとは、お互いに「たった一社に出合えればいい」ものです。しかし結婚と同じで、「本当にこの相手でよいのか」と迷いはじめると、なかなか決まらなくなるものでもあります。

そこで、仲介会社は売り手企業の中身を熟知するとともに、企業評価やスキームなどをアレンジして、買い手の希望に合うように仕立て上げる必要があります。このようなアナログなカスタマイズをいかにうまくできるかが、地方都市の中小企業M&Aの成否を分けます。

いまの時代、情報の受発信や拡散はたいへん簡単にできるようになりました。しかし、ご存じのようにインターネットにすべての情報が載っているわけではありませんし、財務諸表だけではわからないことはたくさんあります。

最近はインターネットでのＭ＆Ａマッチングサイトなども増えてきていますが、そこで見ることができるのは決算書などのデータだけです。「決算書の数字だけをベースにＭ＆Ａをしましょう」でうまくいくのであれば、マッチングサイトを利用してもいいのですが、それだと「こんなはずじゃなかった」という不満が生じがちです。

もちろん、そこまで手間をかけなくてもディールが成立することはあるでしょう。儲かっている会社であったり、人気業種であったり、成長産業であったりすれば買い手はたくさん見つかりますし、そのなかから最も高い価格をつけてくれた相手を選ぶことは簡単です。

しかし「売るためにはどうすればいいか」というやり方と、「売ったのちにどうなりたいか」から逆算するやり方とでは、結果が大きく変わります。

特に、売り手の満足感が変わってきます。

中小企業のＭ＆Ａに必要なのは、ただ譲渡契約を結んでそれで終わりではなく、「売り手の価値を買い手に引き継ぐ」ことで、売り手と買い手の双方が成長発展するという意識です。

ただの取引ではなく、お互いが会社としてより発展するための契機になること——それこそがローカルM&Aのだいご味といえます。

ローカルM&Aの課題・その1

ここで、なぜ地方都市の中小企業にとってM&Aによる売却は難しいのか、その要因をもうすこし考えていきましょう。

まずM&Aというものが高額な企業間取引である以上、「ほしかったから衝動買いしました」みたいな購買行動は起こらず、ビジネスとしてさまざまな数字を比較検討した結果、複数の人間による意思決定の段階を経て成立するものであることがあげられます。

ありていにいえば、M&Aには財務諸表の数字の開示は不可欠です。それがなければ企業がどのような状況であるかがわからないため、買収という意思決定はなされません。

つまりM&Aによる売却を成功させるためには、ここ数年の財務諸表においてある程度の良好な業績を残している必要があります。売却の際の会社の価格も、この財務諸表の数字をもとに算定されることになります。

これが、おうおうにして中小企業にとって鬼門になります。というのも、未上場の中小企業の場合、実際には業績が良好であっても、数字がきれいに出ているとは限らないからです。

たとえば、節税のために経費を多く使うなどで必要以上に黒字幅を圧縮している場合、財務諸表上ではそれほど業績のよい会社には見えません。また、役員報酬などを多めに設定していて会社にお金を残していない場合、現金や資産が会社にたまっていないため、純資産が少なくなり、収益性を伴っていないことがあります。

M&Aが企業対企業のビジネス取引である以上、財務諸表の数字が判断材料の大きな要因となるので、その表面上の数字を実態に合わせて補正したうえで提案します。しかし、売り手側の企業の経営者にしてみれば、自社の価値が正当に評価されていないように感じられてしまうこともあるようです。

しかし、本来、企業の価値というものは単なる数字ではなく、その企業の持つ無形資産、つまり働いている人材、その業界におけるシェアや存在感、その地に根付いてきた歴史や伝統、その企業しか持っていないノウハウや知的財産なども含めて判断されるべきものです。

ここまでにも述べてきたように、地方都市の中小企業の事情は千差万別で、その価値は経営上の数字だけでは測れないものです。

特にローカル中小企業のM&Aにおいては、この数字に表れない「無形資産」の価値をどれだけ買い手に理解してもらえるかがカギとなります。

ローカルM&Aの課題・その2

もうひとつ、地方都市の中小企業M＆Aの難しさとして、地方都市の中小企業経営者には、M＆Aの正しい知識が行き渡っていないため、そもそも売り手になったり買い手になったりしたいとき、ブランドやネームバリューで仲介業者を選択する傾向があります。「よくわからないから、大手上場企業か大手銀行にまかせれば安心」というように。

M＆Aで会社を売却するというのは多くの人にとって初めての経験です。不動産業界ではよく、家を建てるのは人生で1回きりの経験なので施主が100％満足するのは難しいなどと言われていますが、M＆Aも同様に、初めての経験であるために何をどうしたらいいかがわからず、方法を誤ってしまいやすいのです。

私がこの本を書こうと思ったのは、みなさんにそのような失敗をしてほしくないからです。

地方都市の中小企業がM&Aによる売却を成功させるためには、正しい知識と情報を得ることが不可欠です。この本によって事前の準備が十分にできれば、自社の価値を評価して、それがほしいと言ってくれる買い手に出会うことができるようになるでしょう。

そのためには、不良資産などのネガティブな面も含めて、自社の実情をオープンにすることが必要です。

M&Aの過程においては、基本合意後、最終契約締結の前に、企業の価値やリスクなどを徹底的に調査するデューデリジェンス（買収監査）が行われます。そこで、それまで隠していたネガティブな要素が発覚してしまうと、買い手の心証を悪くして契約が破談になることもあります。そうはならなくても、値下げを要求されるのは間違いありません。

買い手に、企業の魅力を正しくわかってもらうということは、当然ながらあまり魅力的でない面をもわかってもらうことになります。そのうえで、その会社を求める買い手企業を探さなければ、なかなか契約はまとまりません。

売り上げなど表面的な価値だけではない企業の魅力を正確に理解してもらうことで、売り手も買い手も双方が満足するまっとうなディールが成り立つものです。

そのためには、今日思いついて、明日売りに出すといったような拙速な行動ではなく、相当の準備期間が必須となります。

ローカルM&Aに重要な5つの要素

地方都市の中小企業がＭ＆Ａを成功させるために必要な要素として、「買い手が求める企業の価値」という観点で5つに分類してみました。財務諸表の数字の粒がそろっていることを前提として、それ以外にアピールできるものという視点で考えています。

①ローカルエリアでの影響力

数字に表れない企業の無形資産の最たるものは、その土地や社会に根付いた存在感や信頼性です。

たとえば、あなたが住んでいる街に、中小企業なのに地域のクチコミでやたらと評判のいい有名な飲食店や小売店はありませんか？　このように聞けば、誰でもすぐにイメージできると思いますが、放課後に毎日のように通った駄菓子屋さんや、故郷に帰ると無性に食べたくなる定食屋さんなどが、誰の心の中にもあるものです。

同様に、みなさんの企業もその業界の人やその街の人にとっては、名前を言うだけで「ああ、あの会社ね」とすぐに何らかの思いが湧き起こるような、大切な資産なのです。

対外的にわかりやすくアピールするのであれば「創業○○年」とか「△△の名産」などといった言葉になると思いますが、そのようなフォーマットに落とし込めないとしても、歴史と伝統はどんな企業にも備わっています。

ひとことでいえば、ブランド価値です。

買い手企業にとってみれば、対象企業の歴史面や存在感などから、その地方で長年やってきたという、ブランドの信頼性をM＆Aによって獲得できることになるでしょう。

②ヒト（従業員と顧客）

日本の人口のピークは2008年で、以来ずっと労働人口は減少の一途をたどっています。昨今は「人手不足」という言葉も当たり前になりすぎて、わざわざ口にされることすら少なくなりました。

買い手企業にとってのM＆Aのメリットは、ゼロから事業を立ち上げるよりも時間や手間がかからず「時間を金で買うことができる」点であると前に述べました。

そのとき買うことができるのは「ただの時間」ではなく、「人を集め、製品やサービスを開発し、市場を創造して、顧客を獲得する」というたいへんな手間のかかる「時間」です。

ですから買い手企業は、M&Aで買収する企業にどのような「人」がいて、どんな「製品やサービス」があり、どれだけの「顧客」がいるのかを、たいへんよく調べています。

特に、その道ひとすじで長年の経験に基づく技術を身につけた職人さんや、そのビジネスを行うのには法令的に絶対に欠かせない資格保持者などの人材は貴重です。

買い手企業が会社とともに人材や顧客を求めていることを理解し、たとえM&Aでオーナーが代わったとしても、従業員や顧客が離れていかないよう事前に十分なケアをすることも、売り手企業の経営者のやるべきことの一つです。

③モノ（不動産や設備などの資産）

会社の「資産（リソース）」を俗に「ヒト、モノ、カネ」などと言いますが、前項では「ヒト」について解説したので、ここでは「モノ」についても説明しておきます。「カネ」については、財務諸表を見ればわかるので、ここでは触れずに話を進めましょう。

「モノ」についても土地や建物などの不動産、あるいは工場などの建物付属設備や機械装置、設備や備品、車両などについては明確に有形資産として諸表に載っているのですが、いずれも減価償却後の帳簿価額です。

もちろん、モノの資産としての価値と、実際に使用して得られる価値とは別のものです。他人から見たら古くて汚い機械であっても、いまはもう入手困難な名機ということもあります。だからこそ、それを買い手企業に理解してもらうための十分な調査が欠かせないのです。

以前に私が携わったディールで、機械の資産価値について売り手企業と買い手企業との間で大きな乖離が発生して、なかなか折り合わなかったことがありました。

最終的には無事契約に至ったのですが、そのような結果を生むためには、双方で客観的なエビデンスに基づいてお互いの主張を説明し、理解し合うことが重要です。

④商品・サービス・事業

説明の都合上４番目になりましたが、買い手企業がＭ＆Ａで最も強く求めているのは、ヒトでもモノを含めた事業そのものです。

どんなに利益を上げている事業であっても、買い手企業がその事業に興味を示さなかったとしたら取引は成立しません。買い手企業が、Ｍ＆Ａの対象企業に興味を持つのは、その企業の事業が何らかのかたちで買い手企業の成長にかかわりを持つからです。

かかわりといっても、必ずしも同業というわけではありません。同業他社が別の地域への進出を目指してＭ＆Ａで地方都市の企業を買収することもありますが、買い手企業の事業の水平的な周辺事業であったり、あるいは垂直構造のなかで風上か風下の事業であったり、なんらかのシナジー効果が見込める別事業であることのほうが多いのです。

たとえば、ソフトバンクは携帯電話事業への参入を目指してイギリスのボーダフォンの日本法人をＭ＆Ａで買収しました。

あるいは、楽天はもともとインターネットのショッピングモールである楽天市場がメインでしたが、さまざまな事業を買収して、いまでは楽天銀行や楽天証券、旅行代理店の楽天トラベル、フリーマーケットの楽天ラクマ、携帯電話の楽天モバイル、電力会社の楽天エナジー、プロ野球球団の東北楽天ゴールデンイーグルスなど、事業を拡大しています。

ですから、どこのどんな企業があなたの会社の買い手になるかはわかりません。その業界で一定の存在感を持つよいビジネスを行っていれば、誰かの目にはとまるものです。

⑤ノウハウ（知的財産）

最後に無形資産の肝となるのが、長年の経験から、その企業に蓄積されたビジネスのノウハウです。

たとえば、その地域では何が売れるとか、時季や時間によって売れるものが違うとか、その商品やサービスを売るためにはどのような見せ方が最適であるかとか、営業のタイミングや商品のボリュームやサービスのセレクトなど、ありとあらゆる見えないノウハウがどのような企業にもたまっているものです。

それは組織の中に明文化されているものかもしれませんし、あるいは明示されないまでも企業文化として社員の間で受け継がれているものかもしれません。たとえ文書化されていずに従業員の脳内にしか存在しないノウハウであったとしても、従業員までも含めての買収ですから、買い手企業には受け継がれるはずです。

ヒトの項目で技術者や資格保持者といった人材について触れましたが、人材だけでなく、それらを育成するための研修システムやマネジメント面の仕組み、あるいは顧客管理システムの運用などのノウハウも大切なアピールポイントになります。

このように、地方都市の中小企業といえども、ローカルエリアで一定のシェアを獲得してきた独自の土着性マーケティングが存在します。

ビジネスの渦中にある経営者のなかには「うちにはそんなものはありませんよ」とか「普通にやってきただけです」と謙遜される方もいますが、それは中にいるから見えないだけであって、私のような第三者の目から見ると宝の山に見えるものです。もちろん買い手企業にとってもそうであることでしょう。

第2章
ローカルM&Aの工程

M&Aのプロセス

私が行っているM&Aの工程をあらためて見てみましょう。ここでは、売り手企業にとっての流れを簡単に説明します。

実際のM&Aは、初回面談から始まります。

初回面談とは、仲介業者である私が、M&Aを希望する会社のオーナー（社長）のもとへ訪問し、M&Aによって何を得たいのかをヒアリングし、あるいはM&Aをすると何が得られるのかを説明する場になります。

初回面談では、まず秘密保持契約を締結します。秘密保持契約は、主に売り手企業側を守るためのものです。社長がM&Aでの売却を考えているなどという噂が業界に流れると信用問題にもなりかねないので、秘密保持契約を結ぶことによって心理的な安全を担保し、仲介業者に守秘義務を課します。

次にヒアリングした内容と財務諸表の分析から、想定する売却価格を提示します。これは必ずしもその価格で売れることを保証するものではなく、財務諸表などの客観的事実から導き出した理論値の想定価格を提示しています。

想定価格の提示を受けた売り手企業のオーナー（社長）は、M&Aを進めるかどうかの検討を行います。この時点で疑問や要望などがあれば、解消しておくことをおすすめします。

納得がいった場合は、ファイナンシャル・アドバイザー（FA）契約やM&A仲介契約を締結します。これはM&Aを進めるにあたって、弊社がM&A仲介のアドバイザーをつとめるための契約です。契約締結後、お預りした資料からノンネームシートと企業概要書とインフォメーションパッケージを作成します。

次に、譲受候補企業の選定と提案を行います。ここがM&A仲介の肝だと考えていますが、できるだけの手を尽くして、最適な候補先企業一覧リスト（ロングリスト）を作成します。このリストを、売り手企業のオーナー（社長）に提案し、このリストから「この会社には売りたくない」という要望があれば省いてもらいます。

その中から買い手として興味ある候補先を探し出していきます。売り手と買い手が双方「興味あり」となったら、そしてトップ同士の面談を行います。実際に顔を合わせてみなければ人柄や性格などがわからないので、できるだけリアルに会えるようにはからいますが、遠方の場合はweb会議などを用います。

面談の後でも、双方がディールを進めることに納得していれば、買い手候補から意向表明書を受け取り、売り手は譲受企業の選定に入ります。

そして基本合意に向けた条件交渉を行います。交渉のメインとなるのは価格ですが、複数の候補先がいる場合は競争になるので、買い手候補は売り手の希望を満たすように頑張る場合が多いです。

条件交渉がまとまれば基本合意契約を締結します。基本合意がまとまれば、ほぼ交渉は終わりだと考える人が多いのですが、M&Aの場合はまだ道半ばです。基本合意が結ばれた後に買い手側によるデューデリジェンスがあり、それによって合意がひっくりかえされて交渉が再開されることがたまにあるからです。

デューデリジェンスとは、基本合意契約が結ばれて売り手はさらに深く情報を開示することが可能になってから行われる買収監査のことです。弁護士や税理士や公認会計士などの専門家が入って、売り手側の企業に開示された情報に誤りはないか、税金は適切に納付されているか、法令を遵守しているかなどを調査します。デューデリジェンスによってこれまで公開されていなかった情報や債務が見つかった場合には、それを理由とした条件交渉が開始されたり、ディールそのものが中止となったりすることもあります。

お互いにビジネスであり、買い手企業にとってみれば投資なのですから、デューデリジェンスも交渉もシビアな場合が多いです。

デューデリジェンスの結果やその後の交渉の成果にお互いが納得すれば、最終条件の調整を経て、最終契約書が締結されます。

実際のM&A、つまり従業員や取引先にM&Aの事実が明かされるのはここからなので、売り手側も買い手側も、この先にいろいろな業務が控えています。

とはいえ、それらの開示（ディスクロージャー）が済めば、クロージング日（経営権を引き渡し、代金決済をする日）を待つばかりとなります。

買い手の実情

私はこの本によって、地方都市の中小企業の経営者がM&Aで会社を譲渡する際に困らないよう、必要な知識を知ってもらいたいと考えていますが、それと同時に、M&Aで事業を拡大していきたい買い手側にも、うまく買収するために知っておくべきことがあるとお伝えしたいのです。

M&Aの売り手側というのは、高齢で引退を考えているのに後継者が見つからない経営者が多く、言ってみれば撤退戦です。

それに対して買い手側というのは、ビジネスが波に乗っていて資金に余裕があり、さらなる成長を積極的に求めてM&Aに乗り出していることが多いものです。

ですから、どうしても狩猟民族的な発想になりますし、立場的にも優位になるのですが、そこに甘えて「こんな会社を買うのは私たちしかいませんよ」とか「これだけの欠点があるからそんな価格は出せません」とか、対象企業のネガティブな面ばかり見てしまうと交渉はうまくいかず、成約に至りません。

私はM&A仲介業者として、売り手側に「後でばれたときに揉めるので、会社のマイナス面でも隠さずオープンにしてください」と求めますが、それが可能になるのは買い手側が「マイナス面をあげつらって攻撃することなく、フェアな態度で会社を評価」できるようになってからなのです。

できるだけ安く買ったほうが利益が出るというのはビジネスの常套手段ですが、売り手側だって海千山千の経営者で、長年経営を続けて会社を成長させてきたという自負があります。売り手側の想定とあまりにもかけ離れた価格を提示された場合、廃業したほうがましと考える人が多く、そうなれば売り手にとっても買い手にとっても社会にとっても損失です。

落語に「三方一両損」という小噺があります。大工が3両入っている財布を落としたのを左官が見つけて届けますが、大工は江戸っ子なので「もうあきらめていた」と受け取りません。しかし左官も江戸っ子で「意味もなくもらえねえ」と突っぱねます。この仲裁に出てきた大岡越前守が、自分のふところから1両出して加えて4両にして、「どちらもあっぱれである」と2両ずつ渡して、3人が均等に1両ずつ損をすることで場を納めるというストーリーです。ここから近江商人の「売り手よし、買い手よし、世間よし」という「三方よし」の概念が生まれたともいわれています。

私はM&A仲介業者として、常に「三方よし」をこころがけています。買い手側のなかには「買い手がつかなければ、成約できなくて手数料をもらえないのだから、もっと買い手の意を酌んでほしい」と言われる方もいますが、仲介業者はあくまでも公正な立場であり、譲渡契約を成立させるのがいちばんの目的です。買い手側の要求ばかりを押し付けると破談になってしまいますから、バランスをとって中立でいることを意識しています。また、売り手側と最初に接触することが多く、長い時間を共有しているので心情的には売り手に共感しているのですが、そうなるとやはり契約が不成立になる懸念が生じますので、心を鬼にして公正な立場を堅持するようにしています。

経営者にとってM&Aによる買収というものは、実際にやってみればわかるのですが、「会社がどんどん増えていく」「規模がすぐに拡大する」という感覚が非常におもしろく、そのために一度成功すると二度三度と次々にやりたくなってしまう中毒的なところがあります。

M&Aが初めてという方は「大金での投資」に躊躇して慎重になりがちですが、新たに買収した会社を自分でアレンジしてマネジメントしてつくり直すという作業は、起業当初のわくわく感を彷彿とさせるところがあり、それで収益が上がるようになると、経営者にとってはやめられない感覚を得られます。

また、M&Aで買収を行うと業界に名前が知られますから、さまざまな仲介業者から新たな買収案件が持ち込まれることもあり、1社の買収で終わらせる方は少なく、2社、3社とM&Aを続ける経営者が多いようです。

買い手の思惑

地方都市の中小企業のM&Aを難しくしている要因のひとつとして、日本ではまだM&Aに慣れていない企業が多いという点があります。そのため、M&Aで失敗しないノウハウが蓄積できているところはまだまだ少数です。

そもそも買い手側の企業がM&Aによる買収を計画するのは「成長戦略」の一環としてです。具体的には次の3つになります。

①新たな事業への進出

自分たちはまだやっていないけれども、いずれはやってみたい事業に進出するとき、ゼロから新規事業を立ち上げるという方法がまず考えられますが、M&Aで事業ごと会社を買収すると「時間を金で買う」ことができて成長が加速します。

②既存事業で新たなエリア・顧客・シェアの獲得

新規事業よりも多いケースが、既存事業の拡大です。たとえばいまだ営業拠点のないエリアで同業他社をＭ＆Ａで買収すると、簡単に営業拠点を増やすことができます。また、Ｍ＆Ａの場合には新たな営業拠点だけでなく、最初から顧客とシェアも獲得できます。

③新たな技術・人材の獲得

新規事業の獲得と既存事業の拡大がＭ＆Ａの主目的になりますが、技術力や人材力のある企業を買収することで、自社に新たな風を入れる効果も生じます。特に新規事業を始める場合には、その事業の経験者やノウハウを一挙に獲得できるのがＭ＆Ａによる買収の利点です。

＊

M&Aによる成長という言葉は魅力的で、これまでに多くの企業がM&Aによる買収に取り組んできました。特に近年は市場が広がって、中小企業も買い手として参入してきたことで、ますます成長戦略としてのM&Aに注目が集まっています。

しかし当然ながら、M&Aにはお金がかかります。対象企業の規模によっても変わりますが、小さい会社で数千万円、大きければ数億、数十億円が必要になるので、決断には慎重になる必要があります。安い買い物ではないために、むしろ経営者にとってはしびれるような感覚があるとも言われますが、経営はギャンブルではありません。

自分で新規事業を立ち上げるのと、M&Aで既存企業を買収するのと、どっちの費用対効果が高くなるのかは天秤にかけて確かめるべきです。

M&Aで成長という言葉は耳触りがよいのですが、当然ながら、すべての会社が成長戦略に寄与するわけでもないのです。

私は買い手側にも過大なリスクを負ってほしくないので、投資金額については、たとえ損切りするようなことになっても本業に影響しない程度に、とアドバイスしています。具体的にいえば、買収資金の大半を借金で調達するのは控えて、最初は身の丈に合った企業を買うのがよいと思います。M&Aが初めてという方は、無理をせずに小さい会社を買って経営再建に取り組み、自分がM&Aに向いているのかどうかを確かめるのがいいでしょう。

買い手の問題

ここであらためて注意をうながしておきたいのですが、M&Aによる買収は成長戦略の一環ではありますが、あくまでも手段のひとつであり、成長戦略のすべてではありません。M&Aだけに頼った戦略を立てることは危険です。

なぜならば、M&Aには「たとえ事業戦略を立てたとしても、それに合った対象会社が見つかるとは限らない」という難点があるからです。また、対象会社が見つかったとしても競合が現われ、予算をはるかに超えた買収金額でなければ買えない、ということもあります。

どうしてもM&Aをしなければならないという思考になると、条件に合わない企業を妥協して拙速に買収してしまって後悔することにもなりかねません。だからといって条件を厳しくしていくと、今度は買える企業が見つからなくて、事業戦略がストップしてしまいます。

戦略としてM&Aをやっていこうという姿勢はもちろん大歓迎なのですが、「市場に出ているもの」と「自分たちが買えるもの」は異なることを理解していただければ幸いです。

たとえば、中古車を買おうと考えたときに、年式も新しくて走行距離も少なくて車検が残っていてと条件を重ねていけばいくほど、価格が高くなっていきますし、新車を買うのとたいして変わらなくなります。たまに出てきたとしてもすぐに売れてしまいます。しかし、どれかひとつの条件をあきらめるだけで、掘り出し物が見つかるようになるものです。

ここで買い手側に理解していただきたいのは、100点満点の企業なんて売りに出ないということです。「特徴のある良い技術やノウハウを持っていて、相応に営業利益が出ている企業があれば買いたい」などと言われる方がいますが、そういう会社は誰でもほしがるものですから、競争が激しくなって必要以上に高額になります。それよりは今は低収益だけど改善する余地のある企業のほうが、価格もリーズナブルでコストパフォーマンスもよくてお買い得です。

最近はインターネットでＭ＆Ａのマッチングサービスみたいなものも出てきていますが、現状ではあそこに出てきているのは、規模が小さかったり仲介業者が売れないと判断したりなど、買い手が見つかりにくい会社が多いようです。なかには掘り出し物もあるかもしれませんが、よほど探す時間や交渉の手間をかけないと難しいでしょう。

Ｍ＆Ａでの買収を考えている企業は経営が上向きなこともあり、対象会社が高収益が望めれば異業種でも比較的気軽に買収を決断しがちですが、自社と関連がない会社を買いまくっても、結局シナジー効果がなくて後から手放すことになります。具体例はあげませんが、Ｍ＆Ａで買収した企業をのちのち売却したという事例は枚挙にいとまがありません。

M&Aによる買収を成功させるためには、まずは損切りできる範囲内で、お手頃な企業を買収してみて、経営再建できるかどうかを試してみるとよいでしょう。

このときに重要なのは、買収した企業を再建するための人材です。経営再建のマネジメントを行う人材は、自社で用意しておいたほうがよいです。だいたいの場合は社長自身が乗り込んで、経営を軌道に乗せることが多いです。買収した会社の社長に引き継ぎも兼ねて数年間経営に取り組んでもらう、あるいは社長が引退するなら二番手の人材を抜擢するなどもできなくはないのですが、やはり親会社の社長としてまずは陣頭指揮をとり、実態調査と社員の人心掌握を行い、シナジー発揮と改善のポイントを見極めることがおすすめです。

売り手企業側から見るM&Aの工程全体像を考える

①ゴールの設定

売り手であっても買い手であっても、たいていの会社にとってM&Aは初めての経験になるので、どのような流れになるのかを簡単にご説明しておきます。机上の知識であっても、これから何が起きるのかを知っているのと知らないままでいるのとでは、実際にのぞむときの安心感が段違いになるからです。

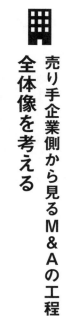

最初に設定すべき最も重要なことは「ゴール（目的）」の設定です。そのM&Aによって実現したいことは何であるのかが明確に意識できていないと、途中で経験するさまざまな環境や条件の変化によって目的がずれたディールになってしまう危険性があります。

また、当初は明確になっていなかったゴールが後から意識されたために、途中まで進んだディールが破談になってしまった例もあります。ゴールが最初から明確になっていれば、最初から譲れない条件を提示することができるため、お互いに時間を無駄にすることがなくなります。

たとえば、売り手側企業の経営者の場合、「売却後に安心して引退したいから借金を引継いでもらうことを条件として売却したい」というようなゴールを定める方もいます。この場合は条件設定が明確になるので、条件に合わない提示は即座に断ることができます。

買い手側企業の場合、たとえば「買収後に事業を垂直統合して売上を伸ばしたい」というゴールがあるとしましょう。その場合、買収先の企業の製品やサービスが自社の製品やサービスとどれだけシナジーがあるかを買収前に確かめることが肝要になるでしょう。

M&Aによってどうなりたいのかが明確になっていて、それがある程度実現できるようであれば、細かい点で妥協したとしても総合的には満足できるディールになります。ですから、売り手も買い手も、このM&Aにおいて何を実現したいか、そしてその優先順位を定めることを最初に行ってください。もし「いつまでに成約したい」などの期限があれば、それも含めて明確にしてM&A仲介業者に伝えることが大切です。

②M&A仲介業者の選定

もしあなたがすでに売却先や買収先を見つけているのでない限り、M&A仲介業者もしくはFA（ファイナンシャルアドバイザー）をパートナーとして選択するのが賢明です。※

M&Aによる事業の売却は、不動産と同じでなかなか相手先が決まらないのが通常です。数千万から数億円もする企業を売りたいという人も買いたいという人も、一般的にはごくわずかしかいないからです。

また仮に見つかったとしても、成約までには長い交渉が必要で、間に入ってくれる業者もしくはFAがいるほうが、精神的な負担が大きく軽減します。相手先も、第三者が入っていたほうが安心できるでしょう。

M&A仲介業者の主な役割は、売り手側から依頼されて買い手を探すこと、あるいは買い手側から依頼されて売り手を探すことのマッチングになります。このマッチングがどれだけ早く適切にできるかどうかが、M&A仲介業者の腕の見せどころになります。

注意点としては、マッチングの上手な業者、あるいはさまざまなフォローの上手な業者というものを選ぶのが難しいことです。安心感のある大手を選ぶ人もいますし、クチコミで紹介されて信頼できる中小を選ぶ人もいれば、地域密着でやっている弊社のような会社もあります。たまに営業をかけてくる会社もありますが、信用できるかどうかはよく吟味してください。

※FAは、仲介のように双方代理ではなく、売り手もしくは買い手のどちらかの代理人となってM&Aをアドバイスする業者

③売り手企業の価値の算定（バリュエーション）とスキーム選定

次に、売り出し価格を決定するために、バリュエーション（企業価値の算

定）を行います。これはM＆A仲介業者が行います。

細かい計算方法は省略しますが、バリュエーションは算出方法の公式があるので、どの業者が行ってもだいたい同じ価格になります。経営を補正するポイントや不動産の時価の算出方法などが、業者によって異なることもあります。ほかには、のれん代を営業利益の何年分にするかは、業者により異なるケースが多いです。

契約を取りたいがために高めの企業評価を出す業者もいるという話を聞いたことがありますが、購入するのはその仲介業者ではなく別の企業になるので、実体と乖離した価格で売り出したとしても、そのまま売れることはめったにありません。「なかなか売れません」と言われて結局は値下げを提案されるか、最終的には相場とたいして離れていない価格になるのがオチでしょう。

次にスキームの提案があります。要は誰にお金を残すのか、株価でもらうか退職金にするか、売却後に顧問となってその顧問料にするのか、などを決めていきます。

④M&A仲介業者との契約

バリュエーションで算出した価格に売り手企業のオーナーが納得すれば、そこで仲介業者との間で仲介契約を結びます。

仲介契約には大きく分けて2種類があります。契約が続いている間はその仲介業者だけが独占的に買い手を紹介できる「専任契約」と、複数の仲介業者に依頼していくつもの業者から買い手を紹介してもらうことができる「非専任契約」です。

売り手側からすると、一見して「非専任契約」のほうが有利に感じられるかもしれません。しかし、私は「専任契約」をおすすめしています。

なぜならば、M&Aにおいて最も重要なのは「情報の秘匿性」だからです。「専任契約」の場合は、売却の意思とか内部事情とかを知るのは仲介契約を結んだ仲介業者1社だけになりますが、「非専任契約」の場合は複数の業者に会社のあまり知られたくない事情をもオープンにしなければなりません。もちろんそれぞれと守秘義務を結ぶのですが、秘密を知るものが多くなるとどうしても漏洩のリスクも高くなります。「あの会社は売却を検討しているらしい」「経営が危ないらしい」「社長の体調に不安があるらしい」などといった噂が流れるのは絶対に避けたいものです。

また、M&A市場は狭いために、複数の仲介業者と契約を結んだとしても、紹介される買い手企業が同じになるという事態がよく起こります。そのときに買い手側としては、複数の業者から同じ企業を紹介されることになるのですが、そうするとどうしてもセールに出されているような「安っぽさ」を感じてしまうそうです。

これは実際に買い手企業の経営者から聞いた話なのでひとつの例にすぎませんが、「非専任契約」をしている企業の場合は、競わせて価格を吊り上げようとしているように感じられるので真摯さや誠実さが感じられず、あまり魅力を感じないとのことでした。

M&A業界では「こんな会社が売りに出ているんだ」という希少性のイメージが大切です。そのためにも信頼できる1社とだけ「専任契約」を結んで、後はその会社に任せてしまうことです。

とはいえ、契約時に着手金が必要かどうか、中間報酬が必要かどうか、成功報酬はいくらになるのか、解約時にペナルティがあるのかどうかなど、基本事項はしっかりと確認してください。このあたりは意外と各社で異なっているので、最終的なコストに大きく影響してきます。

また、いつまでに成約できるかを確認するのも業者選びのポイントです。高齢の経営者の場合、病気で余命があまり残っていないとか、あるいは早く引退して第二の人生に踏み出したいなどの事情があるので、売却までの期限のあるケースもあります。

私がこれまでに行った最短のディールは3か月間でしたが、一般的には成約までに1年くらいの期間が必要です。いい条件をより引き出すために複数の買い手候補を探すのにも時間がかかりますし、そこから話を詰めて成約までにを持っていくのにもある程度の時間が必要です。また、買い手側にもいろいろな事情があって、弁護士や税理士を使って対象会社の調査を行ったりもするので、それだけでも数か月かかることになります。また価格交渉で折り合わずに破談することもあり、そうなると再び買い手探しから始めなければなりません。それらをすべて含めて売却までに6か月から1年間というのが、妥当な期間です。

⑤買い手候補企業の選定

仲介契約が済んだら、後はM&A仲介業者の仕事です。売り手企業のオーナーは、どんな買い手が紹介されるかドキドキしながら待つことになります。どのように買い手を探すかは各社それぞれのやり方があるようですが、手当たり次第に営業するのではなく、この会社なら買ってくれそうだというニーズを見ながらいくつかを絞り込んで、企業名は明かさずに打診していきます。

買い手候補の企業が紹介されるまでには、だいたい1~2か月かかると考えてください。

⑥意向表明書

買い手企業が、売り手企業に対し「このくらいの金額や条件、スキームで買いたい」という意思を記載した「意向表明書」を提出します。売り手企業は各社の意向表明書を比較検討し、買い手企業候補を選びます。

⑦基本合意の締結

売り手企業が意向表明書で買いて候補を選んだら、実際に売り手と買い手が仲介業者を交えて面談して話を詰めることになります。ここで問題がなければ基本合意が締結されます。

基本合意を締結することで、売り手は買い手に独占交渉権を与えることになります。基本合意では、独占交渉権をどのくらいの期間与えるかとともに、について金額や買収条件について取り決めます。独占交渉権の期間は、たいていは1~3か月です。

基本合意契約には法的拘束力はなく、覚書のようなものです。独占交渉権を与えた会社と最終契約をむすぶ前提で基本合意を結びますが、いつからいつまでデューデリジェンスを行なうのかいつ契約するのか、スケジュールの目処を立て、おおかたのスキームも決めます。

M&Aの場合は基本合意を締結したとしても、その後の交渉の過程で破談になることが少なからずあります。そのため、大手M&A仲介業者は、最初に人員を動かすぶんの手数料として着手金や中間金をいただくことが多いようです。

買い手企業の紹介から基本合意の締結までにはだいたい3か月程度かかります。

⑧買い手企業による売り手企業の買収監査（デューデリジェンス）

基本合意が締結された後は、売り手企業はさらに情報を開示することになります。買収監査のために、決算書類はもちろん、あらゆる帳簿類、契約書、顧客との取引状況、従業員の勤務実態や所有不動産などが、買い手により精査されていきます。

また、基本合意契約締結により、譲渡価格の目途が決められました。そのため買い手企業は、譲渡価格が妥当であるか、対象会社のリスクなどを弁護士や税理士などの第三者に依頼して、あらためて監査することになります。これを買収監査（デューデリジェンス）と呼びます。

デューデリジェンスでは、士業などの専門家の視点で重要な問題がないかを確認します。基本合意でだいたいの金額や条件を決めておきますが、デューデリジェンスの結果、重要な問題がさほどないとなれば、最終契約の条件を詰めていきます。

ここで譲渡価格などの条件交渉も行われますが、買収後の従業員の待遇やオーナーの引き継ぎ期間、売り手に非がある場合の損害賠償の有無など、お金の支払い方法まで含めて細かい条件を決めていきます。

デューデリジェンスによって新たな事実が判明した場合、トラブルになることもあります。ですから私は、「調べればすぐにわかるようなことは隠さずに最初からオープンにしてください」とお願いしているのですが、どうやら悪気はなくてうっかり忘れている社長が多いようです。

基本合意の前に買い手企業からも「情報提示事項」のリストをもらって、開示条項にはすべて適切に回答はしているのですが、おうおうにしてそのリストからも漏れているような事実がデューデリジェンスによって判明するのです。このあたりはお互いさまともいえるのですが、いずれにせよネックになっていることについて解決しなければ最終的な譲渡契約の完了には至りません。

デューデリジェンス後に最終の条件交渉が行われますが、これがM&Aの山場で、買ってもらえるか否かが分かれるところです。売り手企業の社長はこの交渉が最も厳しいと感じる場合が多く、踏ん張りどころです。実際に私も、交渉後に売り手から、「さすがに、買うときには厳しいことを言われますね」とポツリともらされたことがあります。

それまでのトップ面談などでは、売り手企業の社長は買い手企業の社長と直接会い、なごやかな雰囲気で進むものですが、デューデリジェンスでは売り手企業の社長は会計士や弁護士など士業の専門家と相対します。そして厳しい空気のなか、事前に提出した必要資料に基づき、事実の確認が行われます。

買い手の専門家にとっては、資料内容を確認しているだけなのですが、売り手にとってはまるで尋問されているようで、細かい事実確認の質問に対し、「そんな些細なことはどうでもいいじゃないか」と憤りを感じることもあるようです。

しかし買い手の専門家に悪意はなく、資料の内容をただ確認しているだけにすぎません。そのため、売り手は質問に対して淡々と答えればいいのです。

デューデリジェンスからその後の交渉で1〜2か月かかります。もしデューデリジェンスとその後の条件交渉で破談になった場合は、買い手候補企業の選定からやり直しになります。

⑨成約

交渉の結果、双方が納得できる条件が合意できた場合、最終的な譲渡契約が締結されます。

売り手企業のオーナーとして気になるのは、売却想定価格と、デューデリジェンス後の交渉を経ての価格との差異でしょうが、デューデリジェンスで何も問題が見つからなければ、ほぼそのままの価格になります。

しかしたいていの場合は何らかの情報が新たに出てくるものなので、そこからが山場になります。売り手の社長は、覚悟を持って臨む必要があります。出てきた事実が今後の対象会社の経営や企業価値に影響を及ぼす重大なことであれば、譲渡価格が調整されたりします。そんな紆余曲折を経て双方が弁護士に相談したりして、最終契約をつくり上げていきます。

最終的な譲渡契約に調印できれば、M&Aはほとんど終わりです。残すはクロージングといわれる、経営権の交代と譲渡代金の決済を待つばかりです。その間に、最も大切な従業員への説明や取引先への報告を済ませておきます。

売り手企業側から見るM&Aの工程
個別点①デューデリジェンス

デューデリジェンスには、組織や事業価値のチェックをするビジネス・デューデリジェンス、財務内容などを調査する財務デューデリジェンス、契約や社内体制、法令を遵守しているかなどをチェックする法務デューデリジェンスなど、さまざまな種類があります。

法務デューデリジェンスは弁護士、財務デューデリジェンスは公認会計士や税理士などと専門家を使って調査してレポートが作成されるので、1か月もの時間がかかります。買い手企業では、このレポートを見ながら、本当にその会社を買収するかどうか経営会議が行われます。

M&Aが初めてだという買い手の場合、「デューデリジェンスはどんな専門家に頼めばいいですか?」とか「何を調べたらいいんですか?」などと訊ねてくることがあります。そんなときは、「もちろん、財務においては帳簿外債務があるかどうか、会計処理がきちんとされているか、現金やお金の管理は誰が担っているか。また、この会社の労務管理や契約書関係などを見てもらうか、自らの目で確認したほうがいいですよ。納得いくまで調べてくださいね」とお答えすることにしています。

とはいえ、すべてを細かく調べると時間もコストもかかるので、M&Aに慣れてくると、気になるところや怪しいところにポイントを絞って行うようになります。もっと慣れてくると、いちいち専門家には頼まず、社内で簡潔に調査して終わりという場合もあります。基本的に慣れれば慣れるほど決断が早くなります。

逆に初めての買い手の場合は、少しのリスクにも敏感に反応するので、交渉で揉めるケースが多くなります。

しかし、M&Aにはリスクはつきものです。というより、ビジネス上の決断でノーリスクという事態はありません。

私は買い手企業のオーナーには「何を求めて買うのかをよく考えてください。完璧な会社を求めるなら買えるものはありません」と伝えています。

買い手は最後の条件交渉になると、いろいろな想定外なことがあればさまざまな難癖をつけてくるものですが、その言い分が正当であったとしても、あまり言いすぎると契約が成立しなくなります。

売り手の弱みを交渉材料のひとつにしたいという気持ちはわかりますが、これからその企業のオーナーとなるのですから、あまり駆け引きの度が過ぎると従業員からも嫌われて経営がやりにくくなります。何事もバランスが大切です。

とはいえ売り手側も、デューデリジェンスの結果、相手につっ込まれるような瑕疵を残しておかないことが大切です。M&Aの当初からオープンで精緻な資料を開示しておけば、「わざと隠していた」などと相手がつけ込む余地をなくすことができます。

財務諸表上ではあったはずの資産が見つからなかったとか、数字で示されているほどの価値が実際にはなかったなどの「事実」が、デューデリジェンスの結果判明することもあるので、売り手側は自社でデューデリジェンスを行うくらいの慎重さが必要かもしれません。

また、最終的に価格調整が行われる要因のひとつとして、デューデリジェンス時に会社の業績が下がっているような事態が考えられます。バリュエーションでの価格算定は、その当時の会社の業績を反映したものなので、最終契約時にそれが下がっているようだと、やはりそのままの価格というわけにはいきません。

ですから私は売り手企業のオーナーには、「M&Aでの売却を決意したからといって経営の気を抜くことなく、最後まで業績を上げる努力を続けてくださいね」と話しています。それが最終価格に影響してくるからです。

売り手企業側から見るM&Aの工程

個別点②従業員の問題

売り手企業のオーナーにとって、M&Aに伴う難しさのひとつが従業員の扱いです。

基本的に、中小企業の経営者は自社と従業員に対して「自分が責任を負う会社」であり「自分が責任を負う従業員」という意識を持っています。ですから従業員に対してもそれほどドライではなく、愛情を持っている方が多いのです。そのためM&Aで会社を売却するにあたっても、従業員に対しての罪悪感を持つ方がいます。そのためかどうかはわかりませんが「会社を売却しようと考えている」とか「もう買い手企業が見つかって基本合意を交わした」など、従業員に話したいと希望される社長が後を絶ちません。

できるだけ早く情報をオープンにしたほうが心の準備ができていいだろうと

の親心なのかもしれませんが、これは絶対にやめてください。百害あって一利なしです。その理由を以下に示します。

第一に、情報漏洩のリスクがあります。すでに述べたように、買い手企業との間で売買の基本合意が締結されたとしても、その後のデューデリジェンスで破談になる可能性は残っています。しかし従業員にその微妙なニュアンスが伝わらず「売却」が事実として噂になると、取り返しがつかないことになります。破談のため売却が延期になった場合にはバツも悪いでしょうし、業界内で噂になった場合、会社の業績に悪影響を与えるかもしれません。そうなると売却価格が下がってしまうことにもなります。

第二に、従業員にとってもストレスになります。その従業員が経営の意思決定にかかわっていて、オーナーの売却の意思をくつがえせるような相手であれば「相談」ですから話は別ですが、単なる「報告」の場合、聞かされた従業員もなすすべがありません。「はあ、そうですか」と淡々としてくれていればいいのですが、動顛して転職活動などを始めてしまったとしたら、やはり会社にとって悪影響となります。

以上の理由で、最終的な譲渡契約が結ばれるまで従業員には何も言わずに黙っておくべきなのですが、そうはいかない事態も起こりえます。それは、買い手側から「最終契約締結前に従業員と面談させてほしい」と言われたときです。買い手側としては、どのような人材がいるのか、相性が合うのかは気になるところでしょうから、むげに断れないところです。

しかし私は、基本的にはそれもケースバイケースですが、おすすめはしておりません。

というのも、以前にそう言われて面談をセッティングしたことがありました。買い手は「業務内容や役割、今後経営者が変わった場合にもめないか」とか「どんなふうに仕事をしていきたいか」などを質問してきたのですが、結果として従業員に、「M&Aされてしまうのか」「経営者が変わるのか」という不安の種を残すことになりました。

もちろん最終契約締結後は、面談は自由です。売り手企業から買い手企業へとスムーズに経営を引き継いで、さらに成長してもらうことが私たちの目的ですから、そのためのアフターフォローはおこたりません。

売り手企業の元オーナーとして注意したいのは「売ってしまえばそれで終わり」ではないことです。少なくともしばらくは従業員が誰も辞めることなく、M&Aを前向きに受け入れて、買い手企業の一員になるようにつとめるのが、元オーナーの責任だと思います。

そのためにもM&Aの発表は、従業員が動揺しないように、かつ新しいオーナーがスムーズに受け入れられるように、細心の注意を払って行います。ヒトというのは企業にとって大切な資産ですが、それはナマモノであり、注意しないとすぐに離れていってしまうものだからです。機械や不動産とはわけが違います。

一方、買い手企業の経営者も、最終契約が成立後はすみやかに買収した企業に出向いて挨拶することが重要です。新しい経営体制、経営方針やビジョン、目標などをていねいに説明し、理解してもらうようにすることで、従業員の気持ちもおちつきます。

ちなみに大企業のM&Aであれば、就業規則や賃金や文化を合わせるというテクニカルなノウハウがそれなりに充実しています。しかし、ローカル中小企業のM&Aにおいては、そのようなテクニカルなノウハウはほとんど有効ではありません。ですから、余計に働く人の気持ちにいかに寄り添い、人心掌握できるかが重要になります。

ちなみにM&Aに慣れていない買い手の場合、「さあ経営再建するぞ」とばかりにいきなり大きな改革に手を付けたりしますが、それはNGです。売り手企業経営者や従業員の気持ちを考えれば、いきなり大きな経営改革に取り組んでも反発を生むばかりで成果は上がりません。はやる気持ちはわかりますが、「人の気持ちは難しいもの」という意識を持って、時間をかけてゆっくりと改革していってください。

売り手企業側から見るM&Aの工程 個別点③情報

最終契約を締結してからしばらく経って、買い手企業の経営者から「開示されていなかった事実が出てきた」とクレームの電話がかかってくることがまれにあります。

デューデリジェンスでも発見できないようなことが、実際に企業の中に入って経営することでわかってくるというのもよくある話です。

つまり売り手がなんらかのネガティブな要素を、意図的に隠していると、それはたとえ契約が完了した後であっても、いずれ必ずばれてクレームが発生するものだと理解しておいてください。

このときに「もう売ってしまったものだから後は知りません」というような態度をとることはできません。買い手に損害がでるのであれば賠償の対象になります。

そのネガティブな要素を、売り手が知っていながら隠していたのか、それともうっかり失念していたのかについては言い分があるかもしれませんが、M&Aは安い買い物ではないので、買い手も泣き寝入りすることはないでしょう。

とはいえ、そのクレームの事実が是正できるものなのか、お金で解決するものなのかを話し合い、解決する方法を探していきます。

繰り返しになってしまいますが、売り手には、ただ「売って終わり」ではなく、買い手がM&Aによって目的を達成するまでをゴールと考えるくらいの意識を持っていただきたいと思います。

買い手にとってはもちろん「買って終わり」ではなく、その後に経営再建してどれだけ会社を成長させて利益を上げられるかが勝負なので、売り手もそのことを理解してできるだけ協力をしていただければ、「三方よし」のハッピーエンドになるのではないかと考えています。この場合の「三方」とは、売り手経営者と買い手経営者と従業員の三方です。その三者がみんな笑顔になれるようなディールを結ぶことが、M&A仲介業者としての私の使命だと考えています。

ローカルM&Aの成功に至る基準

いささかきれいごとのようになってしまいましたが、これは長年の経験に基づく知見です。

たしかに売り手も買い手も、特に基本合意までのマッチングにおいては「価格」ばかりを気にする傾向があります。また、大手企業のM&Aにおいては、中小企業のようにオーナーの一存で決まるものでもないので、「経済合理性」ばかりが重要視されるというのも事実です。

しかし地方都市の中小企業のM&Aの場合、売り手も買い手も心から満足できるような結果を出すには、経済合理性だけでなく感情合理性とでもいうような、感情面へのアプローチが欠かせないと考えるようになりました。

というのも地方都市の中小企業とは、その社外的なイメージにおいても、社内的な運営においても、経営者の人格そのものであるからです。特にオーナー企業の場合は、会社の決算書、定款、事業内容、商品やサービス、社屋オフィス、従業員など、目に見えるすべてのものに経営者の人となりが表れています。

それを売却するというのですから、経営者の感情に対する十分なフォローがなければ円満な契約にはなりませんし、円滑にも終わりません。また、買収する側も、ただ買収した企業を取り扱うよりは、元の経営者と十分なコミュニケーションをとって協力をあおぐだけで、その後の運営がずいぶんと楽になるはずです。

買い手は、経営者を見てその人がどのように会社を経営してきたのかに思いをはせることで、価格だけにとどまらない会社の長所を見つけることができて、価格面でも落としどころを見つけることができるようになるでしょう。そうなれば、売り手も買い手も双方が満足できるディールにきっとなるはずです。

そのような取引を終えたときには、私もやりがいを感じることができます。

実はクロージングというものは文字で見るとクライマックスのようですが、実際の現場は意外とあっけないものです。お金を振り込んでもらって入金を確認してもらい、司法書士さんに事前に捺印しておいてもらった代表者と役員の変更の登記書類を渡して、それで終わりです。

買い手側の社長はにこにこしていることが多いのですが、売り手側の社長は大金を手にしたにもかかわらず、どこか寂しそうです。おそらく最後まで「これでよかったのかな」という迷いを感じておられたのでしょう。その思いを振り切るかのように、やりきったという安堵感も伝わってきます。

そして、そのような大切なディールにかかわらせていただいていることに対して、私はいつも感謝の思いを抱き、またひとつ企業をREBORNできたという喜びがあふれてくるのです。

第3章

ローカルM&Aの活路

M&Aの種類

この章では、これまで絆コーポレーションで扱ってきた事例から、M&Aの実際を掘り下げて解説していきます。

私見ですが、ローカル中小企業のM&Aは大きく2種類に分けられると思います。ひとつは「事業承継型」で、もう一つは「再生型」です。

「事業承継型」とは、高齢になった社長が後継者難の問題に悩み、自社を他社に売却することで事業を続けてもらおうと試みるものです。ローカル中小企業M&Aの多くがこのタイプに属します。

「再生型」とは、事業としては営業できているけれども借入金の返済の目処がつかないため、スポンサーに事業を譲り受けてもらい、その売却代金で債務を帳消しにしようとはかるものです。当然、事業譲渡してもその代金だけで借入金を全額返済できない場合は、金融機関にも一部の債務を免除してもらうことが条件となる再生スキームになります。

「事業承継型」であれ「再生型」であれ、どちらにも必要なのはその企業もしくは事業の買い手です。新たな展望を持って事業に取り組んでくれるような買い手企業がいてこそ、経営者が代わっても従業員はやる気を持って仕事をしてくれるし、金融機関も協力してくれるのです。

と言うと「うちの会社なんてどうせ売れない」と後ろ向きになられる社長がおられるのですが、そんなことはありません。私は時間さえいただければ、どんな会社でも買い手を見つけることができると信じて仕事をしています。

M&Aが救うのは、地方都市の中小企業の生命です。会社というのは、目に見えない企業という組織に対して法律で人格を与えたものですが、一人でも多くの会社を救うことが地方経済、ひいては日本経済の活性化につながると私は信じています。

「事業承継型M&A」が救うのは、後継者不在でほうっておけば廃業になる会社の命です。また「再生型M＆A」が救うのは、債務超過で長期的には倒産に至りかねない会社の命です。どちらも新しい経営者がシナジー効果を目指し、ナタをふるうことで、生まれ変わって永続的な事業となる可能性を秘めているのです。

事業承継型M＆Aの例・その1
後継者不在の例

読者の方がイメージしやすいように事業承継型M＆Aで会社を売却した事例を一つご紹介します。これは株式をすべて譲渡した例です。

家族経営の設備工事会社で、現社長が高齢になったため次世代への承継を考えたのですが、子どもたちの誰にも任せられそうにないという状況でした。

それほど規模の大きい会社でもなく、従業員は社長も含めて10名そこそこしかいませんから、社長はもうあきらめて将来的には廃業しようと考えていました。

しかし事業そのものは順調で黒字が続いていたことと、10名そこそことはいえ働いてくれている従業員のなかには20代の若者もいたので、廃業するのはかわいそうだという気持ちが芽生えて、M&Aを検討することになりました。

このとき社長は70歳くらいでまだまだ元気だったのですが、この年になるといつ怪我や病気に見舞われるかわかりません。この規模の会社だと社長が倒れたときに後継者がいないと、そのまま廃業になる危険性があります。

M&Aという方法があることを知った社長は、取引のある銀行に相談し、銀行から紹介されたのが私の経営するM&A仲介の絆コーポレーションでした。

最初の面談での印象は「条件が明確でわかりやすく収益力も相応にあり、アピールがしやすい案件」というものでした。

こちらの会社のM&Aでのアピールポイントは以下のようになります。

アピールポイント

●事業は安定して黒字が続いていて、ほぼ無借金経営である。
●従業員に技術力があって、機械などの設備も整っている。
●ニッチな特殊市場で信頼されていて、継続的に仕事を請け負うことが見込める。
●社長がまだ元気で、「3年くらい時間がかかってもいい」と言っている。

逆にマイナスポイントとしては、以下のようなことがありました。

マイナスポイント

●従業員が10名たらずで規模が小さく、社員の増員が必要。
●会社名をそのまま残してほしいと希望している。
●黒字は続いているものの、長期的に見れば安定的な受注に若干の不安がある。

以上の条件から私が考えたのは、まだ同社の市場に進出していない建設会社です。そのような会社がM&Aで同社を買収すれば、新たなマーケットと顧客を手に入れて、設備工事会社として成長できるようになるからです。

とはいえ、買い手探しは難航しました。財務諸表の数字だけを見れば非常にいい会社なのですが、問題となったのはその規模の小ささでした。10名たらず会社の場合、万が一その人たちがすべて辞めてしまったときに、会社のノウハウや技術力が失われてしまいます。

そうなると、ニッチな市場で特殊技術が必要であるがために、たとえ顧客がいても仕事が継続できなくなってしまうのです。

社長は会社を売却しても従業員は一人も辞めない、と言います。しかし、売却する前に従業員に相談するわけにはいきませんから、それが本当かどうかを確かめることはできません。

もう一点、価格の問題もありました。財務諸表などから算定した価格について、社長は首を縦にふりませんでした。「安すぎる」と言うのです。

そうなった原因は、重機にありました。たしかに重機はたくさんあったのですが、いずれも減価償却上の簿価で計上されていました。簿価というのは「減価償却されたうえでの簿価」なので、時価とはかけ離れていますが、社長は「重機は中古で流通しているので、市場価値がある」と主張していました。それも一理ありますが、現実問題として簿価として見ればあまり価値がなかった、という問題がありました。

財務諸表に記されている純資産は、簿価です。しかし簿価では本当の資産額はわかりませんから、M&Aでは純資産を時価で計算します。この時価というのは、不動産であればさまざまな公的資料があるので簡単にわかるのですが、それ以外の場合はマーケットや売買事例を調べて推測するしかありません。

そこで時価純資産の金額の計算方法がしばしば交渉のポイントになります。

しかし、交渉が始まるのは買い手が見つかってからです。

買い手候補として私が見つけたのは大手の建設会社でした。その会社がまだ手掛けていない市場だったので興味を示してくれたのです。両者の顔合わせとなるトップ面談は和やかなものでした。

そして、譲渡対価の交渉となりました。「株価の交渉にあたって、自社の重機も見てほしい」という売り手側の希望を伝えたところ、買い手は時価純資産で株価を算定することとなり、実際の重機を確認することになりました。ここで論点となったのは、時価をどうやって反映させるか、という点です。そこでデューデリジェンスで時価を適正に判断するために、重機の査定を行うことにしました。

買い手は、「重機以外の資産もすべて含めて、時価で算定する」ということです。ですから、この適正な時価を株価に落とし込む必要があります。この重機についての話は、基本合意に至るまでの間に両者で合意したのですが、やはりどう反映させるかが問題となりました。そこで、数十台の重機1枚1枚の写真を撮影し、一覧表を作成して買い取り業者に査定を依頼し、その価格をふまえて時価を算定することとなりました。

複数の業者からの査定価格を会計士に伝えたことで、会社の買収価格もほぼ社長の希望通りになりました。こうしてデューデリジェンス後もほとんど揉めることはなく、無事に最終契約に至りました。

ひとつだけ難しい点があったとすれば、やはり家族経営のなごりが強く、組織としては不安定だったため、買収後も引き継ぎのために、社長には最低でも2年間は残ってほしいという条件が付加されたことです。社長のほうはすぐにでも引退するつもりだったのですが、「きちんと引き継ぎたい」という思いを持っていましたので、快諾しました。

M&Aが発表された後も、社内にはまったく混乱はありませんでした。会社組織も会社名は変わらず、実際に指揮を執る役員は親会社から送りこまれてきましたが、仕事をする顔ぶれは同じなので、当たり前といえば当たり前です。しかし、社内の規則は確実に多くなりました。これまでは賃金規定もなく、給料もどんぶり勘定だったのが、本社のルールにのっとって査定し直しなどの整備がありました。若い人は給料が増えたのでかえって喜んでいたと思います。

本当に驚くほど何も起こらずスムーズなM&Aでした。

このM&Aのポイントは、やはり株価の査定とデューデリジェンスです。

この売り手は家族経営でしたから、賃金規定やボーナスの査定基準を明確に定めていませんでした。デューデリジェンスによって売掛金の中に不良債権があったとか、帳簿と現金が合わなかったとか、減価償却が不足していたとか、ぼろがたくさん出てくる会社もたまにあります。この場合も、デューデリジェンスで大企業の査定に耐えられるかが懸念点となっていましたが、売り手も誠意を持って自社の実情を見せることで、買い手も買った後にどの部分をどう整備すればいいかが見えたため、納得したのでしょう。

売り手側からすれば、重機を時価で査定してもらえるかどうかが大きかったと思いますが、買い手側からすれば、事業を継続していくためにどれだけ組織として整備されているかを調査しなければなりませんでした。

一般に「事業承継型M&A」では、やはりデューデリジェンスがいちばんの山場になります。デューデリジェンスをいかに乗り切るかがディールの成否を分けるといっても過言ではありません。

また、基本合意で合意した価格通りの価値があるかも重要です。今回の売り手の場合は「重機を時価で見てほしい」という点にこだわっていましたが、基本合意時に合意した時価を検証したところ、問題はありませんでした。簿外債務もなく法的にも問題がないことが確認できたので、スムーズに進めることができたのです。

この事例では、社長がわりと正直にすべてを開示してくれていましたが、そうは言っても、やはり少しでも高く売れるようによい面だけを見せたいと考える人はいるものです。私も「そういうことが起こらないように」とは思っているのですが、やはり仲介業者の立場では事前にすべてを見抜くことはできません。売り手側の社長が全面的に協力してくれなければ防ぎようがないのです。

今回の事例では、社長が非常に正直で、マイナスに評価されそうなところでも「できていません」「やっていません」と正直に答えていたので、そこが逆にプラス評価されたような気もします。

なぜならば、デューデリジェンスとは売り手側社長の信頼性を見極めるためのものでもあるからです。買い手側社長が買うのはあくまでも会社組織ですが、それを売ろうとしている相手が信用できなければ、会社も信用できなくなるということなのでしょう。

売り手側の主張する価格と、実際の時価とがかけ離れていなかったことも、成功のポイントです。売り手の主張をいかに理論的に、エビデンスを持って客観的に買い手に示せるかが大切です。

「事業承継型Ｍ＆Ａ」では、売り手側企業のオーナーが考える価値が、第三者の企業評価で示される価値とかけ離れることが、たまに起こります。これは多くの地方都市中小企業においては、財務諸表上の数値に表れない部分での価値が隠れていることを示します。

この場合は、その価値をいかに買い手に伝えられるかがカギになります。「経済合理性だけでは測れない」という言葉は美しいのですが、それを買い手に納得してもらうのは意外と至難の業です。

「事業承継型M&A」では、売り手企業のオーナーに、自社をいかに客観視してもらえるか、その乖離をどれだけ埋められるかがポイントになるでしょう。

この事例ではよくある家族経営のローカル中小企業が、M&Aによってより開かれた永続性の高い会社に生まれ変わり、企業の価値が高まりました。

この事例は「事業承継型M&A」の成功例としては非常に典型的なものです。

日本のローカル中小企業は、良くも悪くも「家族経営」で組織体制は整っていず、「社長のトップダウン」体制なので意思決定が明確で、派手な業務ではないけれども堅実に儲けていていてほぼ無借金経営で、技術力はあるけれども属人性が高いのです。

この会社のM&Aがうまくいった要因のひとつは、条件が明確に決まっていたことです。要望としては多かったのですが、最初から最後までぶれることがなかったので、相手も検討しやすかったことでしょう。

ポイントは、売り手側の社長が「廃業」の決意を固めていたことです。数名の従業員はみんな経営者にはなりたくないと言っていましたし、血のつながった子どもたちも同様だったので、廃業やむなしと考えていました。

そして、もしも希望の価格で買ってくれるところがあるのであれば、M&Aをしてもいいという、かなり消極的な姿勢でした。そのため、価格面でも強気に出られたのだと思います。

しかし、もしM&Aをしなかったら、数名とはいえ従業員は転職を余儀なくされたでしょうし、機械などは売却するにしてもM&Aほどの金額にはならなかったことでしょう。M&Aがあったから存続できた会社の典型例といえます。

事業承継型M&Aの例・その2
会社分割の例

「事業承継型M&A」にもいくつかのバリエーションがあります。

その1の例はオーナーが会社をそのまま売却する事例でした。その2では、会社の一部の事業だけを切り出して売却した事例をご紹介します。つまり会社の株式をすべてではなく、一部だけ分割して譲渡したケースになります。

M&Aをしたいといっても、企業そのものを売りたいのか、一部の事業を売りたいのかで、その後の手続きは大きく異なります。

企業そのものを売却する場合には、通常のM&Aの手続きだけで済みますが、一部の事業だけを売却したい場合は、売却する事業だけを取り出して売るという方法もありますし、残したい事業を別会社にして、会社を二つに分けて売り

図2　「新設分割」と「吸収分割」とは?

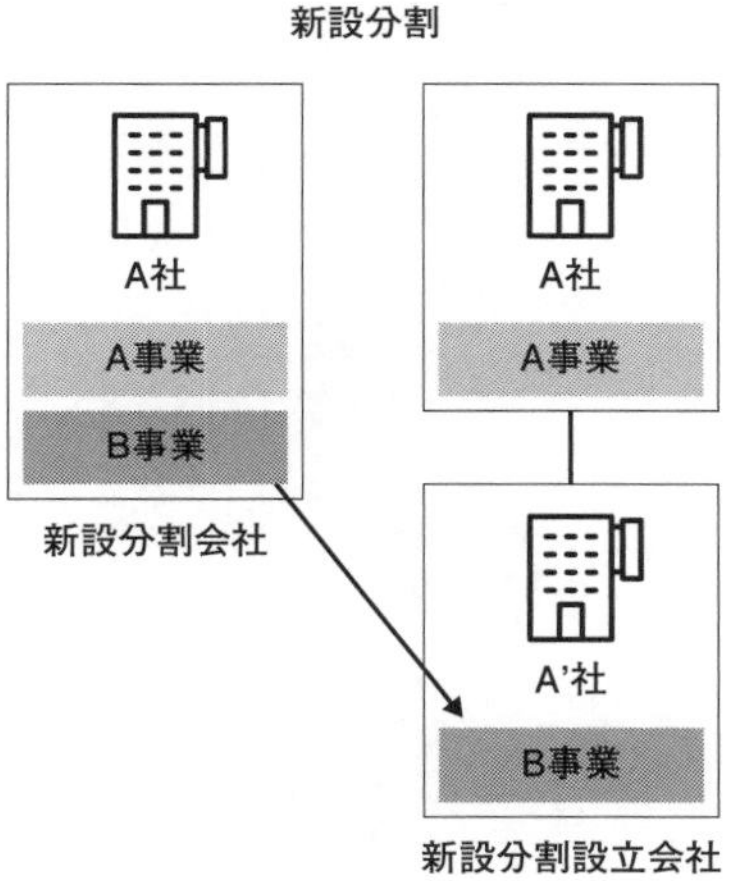

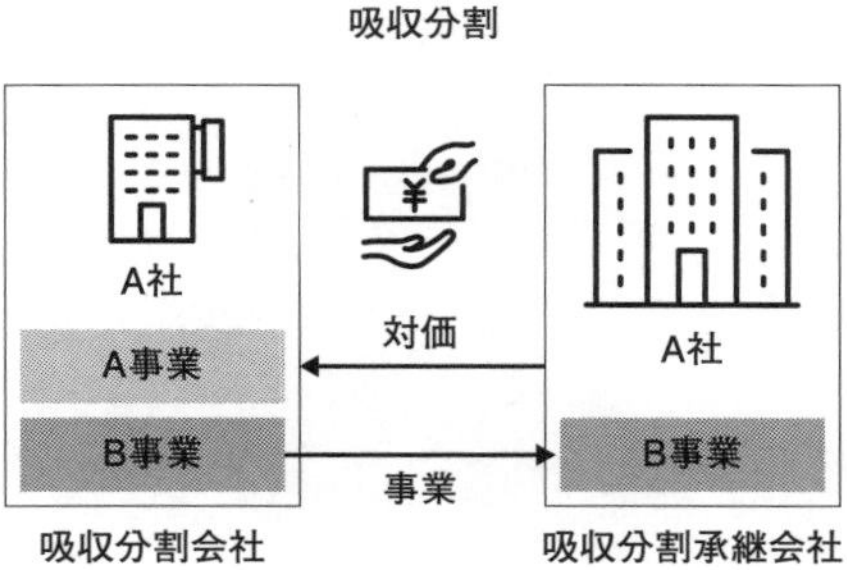

たい会社だけ売る、という方法もあります。それを実現するのが会社分割というスキームです。

今回は、代々受け継いできた小売業チェーンを売却したいというご相談でした。さらにこの会社には、小売業のほかに現社長がフランチャイズに加盟して始めた別の事業があり、社長はそのフランチャイズ事業を残したい、というご希望でした。

時代の流れを考えると、小売業を独自でやっていくのは大変になるだろう、だから小売の事業は大手企業に売り、もうひとつの好調なフランチャイズ事業は自分の生計を立てるために残しておきたい、ということでした。

この小売業チェーンは100年以上も続いた老舗ではありますが、昔と異なり小売業の経営は難しいものとなっていました。デフレが長く続いていましたし、BtoCの小売業は薄利多売の最たるものです。利益を上げるためには大量の仕入れが必要ですが、そうなると規模の大きいチェーンに負けてしまいます。

人件費も燃料費も包装資材も値上がりするなかで、地方の小規模小売業が市場競争に勝つのは大変でした。

実際に小売業にとっては、人口減や物価高などで15～20年前から非常に厳しい状況になっています。大手であれば生き残れると思いますが、中小規模の小売業は、これからどんどん厳しくなっていくでしょう。現にこの売り手の経営状況は徐々に悪化しており、賞与が出せない年もあったそうです。

この社長は「従業員やその家族は、なんとしても守らなければいけない」という強い責任感をお持ちでしたから、このような状況でずっと同じ業種にかじりつくよりも、最悪の事態になってしまう前に決断したほうがよいと考えたのでしょう。

社長のお子さんは会社を継ぐ気はないと明言していたので、いずれは後継者を探すか、売却するかを考えなければいけませんが、社長がまだ50代だったので時間的な猶予がありました。早いうちに動きはじめたことで、結果的に納得のいくM&Aになったと思います。

このM&Aのゴールは明確でした。小売業を売却することで、事業とともに代々受け継がれてきた借金の個人保証を解消し、後を継ぐ気のないお子さんたちに借金の連帯保証債務を残さないことです。

実は、借金の連帯保証をはずしたいからM&Aで事業を売却したい、というニーズは意外と多いのです。事業を続けていれば定期的な収入になるけれども、もう続けるのもしんどいので、売却して借金を清算したいと考える社長は少なくありません。

このM&Aの買い手にとってのアピールポイントとマイナスポイント、譲渡条件は、次のとおりです。

アピールポイント

● 地元に密着して長年続いてきた老舗の小売の複数店舗を、その看板と歴史と伝統と従業員とともに手に入れられる。同業種の会社が買収すれば、仕入れが共通化できたり、売り上げが上がったりで収益が改善できる。また、自分たちが持っていないローカルマーケットの商圏を手に入れられる。

マイナスポイント

- 借入金の引き継ぎと譲渡対価が、この商圏と事業価値として妥当かどうか。
- 店舗の賃貸条件が引き継がれるかが、M&Aする場合は大家の承認が条件となっている。

譲渡条件

- 今いる従業員の雇用を継続すること。
- できれば名前はそのまま残してほしいが、無理なら変更してもかまわない。

実際に私が複数の店舗全部を回ってみたところ、品揃えのこだわりや、従業員の社長へのリスペクトが表れている感じなどは、地域の中でも特異な店舗だと感じました。

そこで、現在の雰囲気の良さをなくさず、そのまま引き継いでいただける相手を探さなければと感じました。具体的にはシナジー効果を見据え、地元か同業種かにこだわらず幅広い企業をリストアップし、候補を絞り込んでいきました。

「買いたい」と手を挙げてくれる企業はたくさんあったのですが、価格を含めて売り手の提示する条件をすべて呑んでくれるところを探すのが大変でした。

最終的には同業種の企業が買ってくれることになりましたが、メリットは新しいエリアが手に入ること、商品の仕入れや物流の効率化がはかれることです。売り手はスケールメリットがないことに苦しんでいたので、買収は渡りに船でした。


この案件で難しかったのが会社分割の手続きです。

これまではひとつの会社で小売業とフランチャイズ事業をやっていたのを、

小売業だけを売却するのですから、売却前に会社分割で二つの企業にしなければなりません。

会社分割は、大きく分けて2種類あります。

ひとつは吸収分割で、簡単にいえば売りたい事業を分割し、既存の他の会社に吸収させる方法です。一方で新設分割では、新たに会社をつくり、その会社の事業の一部または全部を分割し、新たに設立する会社に承継させるというものです。

この案件でも新設分割の手続きを選びました。

新設分割も、その分社方法によって大きく2つに分けられます。

まず、事業を継承した会社が発行する新株式を、その事業を譲渡した会社自身が取得する「物的分割」という方法。そして、事業を継承させた会社の株主に取得させる「人的分割」という方法です。

この二つで何が違うかといえば、前者の場合、子会社の株主は親会社なので、会社を売却した代金は親会社に入ります。後者の場合、どちらの会社も同じ株

図3　「物的分割」と「人的分割」とは?

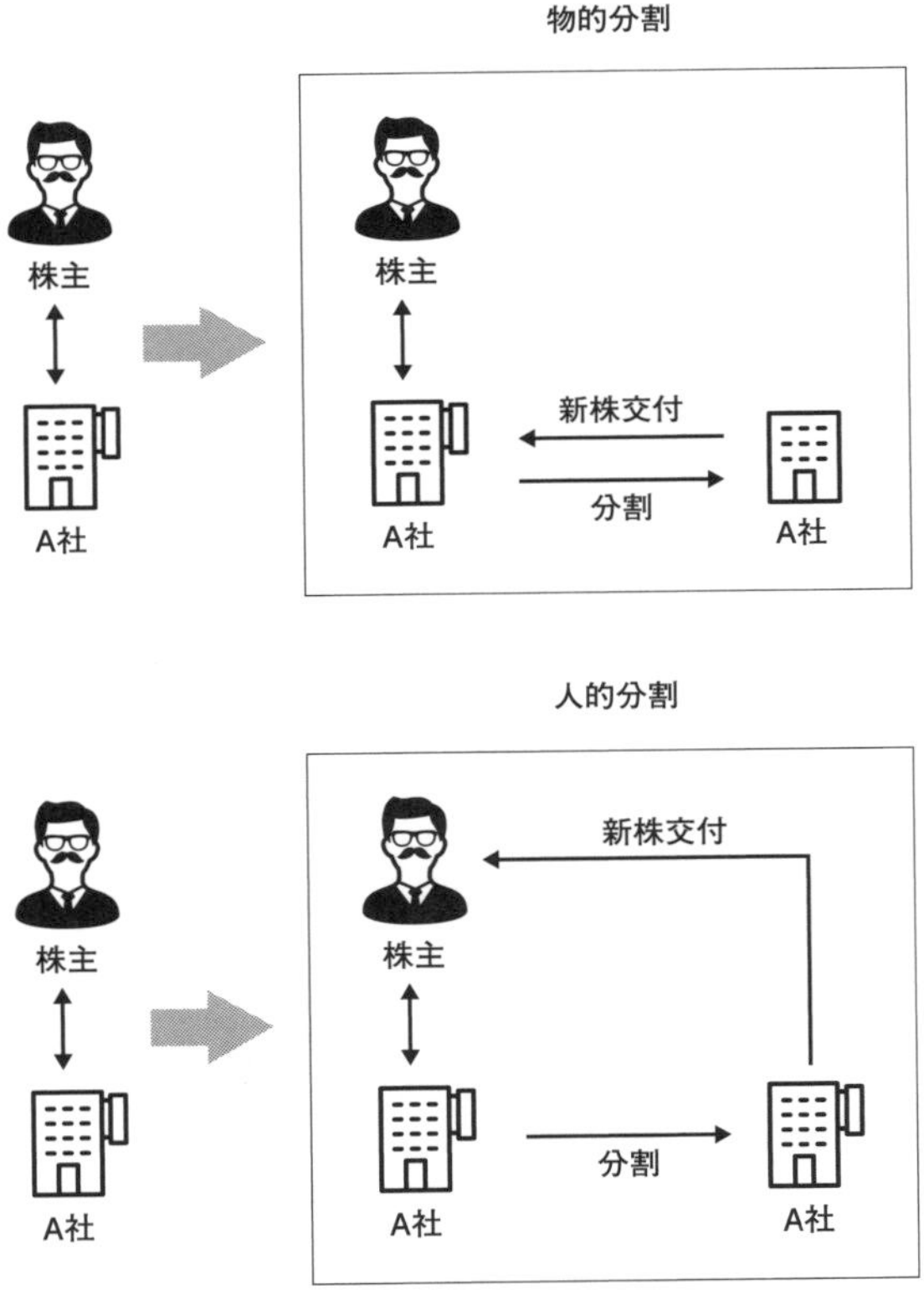

主となっているので、会社を売却した代金は株主のもとに入ります。

前者の場合、会社に入った代金が営業外収益になって営業利益と通算して、法人の所得として課税の問題が発生しますし、後者の場合は株式売却益に対して株主に税金がかかります。どちらを選べばよいかはケースによって異なります。

今回はM&Aで株主に売却益がほしいということだったので、人的分割を選びました。会社にお金を入れたいという場合は前者を選ぶとよいでしょう。

会社分割をすることによって、負債もそれぞれの会社に分割して引き継ぐことになるので、事業とともに負債も一緒に譲渡することができます。

M&A仲介業者は、M&Aを成立させるところまでが仕事なので、会社分割の手続きには別途手数料を請求するという業者もいます。通常の株式譲渡よりも手間がかかり、専門知識も必要なので、その理屈もわからないわけではありません。ただし弊社の場合、会社分割のお手伝いもさせていただきます。アドバイザーの仕事は、売り手の要望に合わせてスキームを提案するだけではなく、売り手と買い手双方の前提条件を整えてM&Aを実行することであり、株式譲渡が実行されるまでしっかりサポートしたい、と考えています。

しかし、この会社分割が思いもよらぬことからかなり大変になってしまいました。

会社分割をする際に、売却する事業と残す事業のどちらを親会社にするか、どちらを子会社にするかを選ぶ必要があります。ここで大事なことは、子会社にするほうの事業の許認可があれば、新規で取得しなければならないということです。

そこで、もともとは小売業がメインでしたし、買い手企業はお店の名前もそのまま残してくれるというので、残すほうのフランチャイズ事業を別会社として新設し、本体の会社をそのまま売却することにしました。

ところがこの決定が厄介なことになりました。フランチャイズの場合、フランチャイザーとのライセンスの契約をし直さなければならないことがわかったのです。さらに、このフランチャイズ事業の内容がやや特殊だったため、役所の許認可も必要とのことでした。

この再契約や許認可取得の手続きはなかなか大変です。この点は事前に調べたうえで分割する必要があり、最悪の場合、会社を分割しても許認可の手続きに時間がかかり、すぐに事業ができない恐れがあります。

ここでまた問題がありました。この会社の場合、新設分割では許認可が出せないことが発覚したため、新設分割をおこなうのはやめて、まずは受け皿会社を別に設立し、その会社に事業を吸収させる「吸収分割」という形に切り替えました。

予定よりも一か月遅れてしまいましたが、会社分割の手続きは無事終了しました。

この経験から学べることは、役所の手続きは十分に余裕を持って行うべきということでしょうか。

会社分割は、あくまでも目的ではなく手段です。おそらく中小M&A仲介業者で、会社分割を提案して手続きまで手伝ってくれるところはそれほど多くないと思います。

M&A成立後のことについて、ちょっとだけご紹介します。同業種の会社への売却ということでしたが、従業員の間にわだかまりはなくスムーズに進みました。

先ほども述べたように、この社長は従業員の環境が悪化しないこと、基本的には従業員を100%残してほしいというのが最も大きな希望でした。そして、創業家が代々、長い間経営してきた会社ですから、お客さまのためにも従業員のためにも、これまで通りのお店の名前を残したほうが受け入れられやすいのではないかという売り手側の思いがあり、結果としてその名が残ることになりましたが、そのことでスムーズに進んだのだろうと思います。

とはいえ、買い手企業は同業の会社でしたから、従業員のみなさんは身構えるところがあったかもしれません。けれど実際には、それぞれの社員同士が和やかに笑いながら情報交換をしていて、その様子に社長はほっとしたそうです。

この事例のポイントは、会社分割です。

会社分割のメリットは資産や負債も分割できることです。そのため、売り手側のニーズであった資産と負債の切り分けができて、子どもたちや新会社に負債を引き継がずとも済むようになりました。

売り手にとってのメリットだけでなく、不要な事業や負債を引き継がずに済む買い手にとってもメリットが大きい手法です。

あえてデメリットをいえば手続きが面倒で時間がかかることです。かつ、M&A業者のなかでもこのスキームを理解して提案できる人が少ない、という点もあります。

このスキームを活用すれば、たとえば息子とか娘とかに不動産賃貸事業だけを残すとか、あるいは引退後に居場所がなくなると寂しいという社長のために不動産管理会社をつくって、その代表ポストを用意するとか、いろいろな活用方法があり、使い勝手がよく、さまざまな可能性があるスキームだといえます。

再生型M&Aの例
金融支援の例

次に「再生型M&A」の事例をご紹介します。

「再生型M&A」とは事業再生を目的として実行するM&Aです。借入金が過大で、収益返済が滞りはじめた局面で、事業が存続している間に、金融機関による支援とその金融機関が納得する条件でスポンサーにお金を出してもらい、事業を引き継いでもらうものです。

再生型M&Aのポイントは2つです。債権者、主に金融機関による支援の理解が得られるかと倒産の方法、つまり私的整理か法的整理かの選択です。

私的整理のほかに法的整理というものがあり、法的整理は、世間で「倒産」

といわれているものです。ひと口に法的整理といっても、破産法に基づく破産手続と、会社法に基づく特別清算手続と、民事再生法に基づく再生手続と、会社更生法に基づく更生手続の4種類があるのですが、M&Aとは関係がないので割愛します。

私的整理とは裁判所がかかわらずに行われる廃業の手続きで、清算型と再生型があります。再生型M&Aではもちろん私的整理の再生型であり、近年「私的整理に関するガイドライン」（以下「私的整理ガイドライン」）が策定され、その基準に基づいて金融機関の債権を調整する私的整理が広まってきました。この私的整理ガイドラインによるスキームのほか、中小企業活性化協議会によるもの、事業再生ADR（裁判外紛争解決手続の利用促進）に関する法律：ADR法によるもの、REVIC（地域経済活性化支援機構）によるもの、特定調停によるものがあります。

今回は私的整理のなかでも、近年私的整理のメインとなっている私的整理ガイドラインによって債権をカットし、スポンサーに引き継いだ再生型M&Aの事例を紹介します。

とはいえ、私的整理の成立は非常に難しく、私的整理を目指していても、法的整理での倒産となってしまうこともあります。その基準についてはのちに説明します。

「再生型M&A」の場合、スポンサーを見つけるのが大変です。さらに、弁護士、会計士など専門家の方々と協力し、金融機関から事業再生のために債権カットの合意をとりつけるのは困難を極めます。そのため、成功したあかつきには、経営者の人生が借金から救われ、従業員とその事業を存続させることができたという、これまでの責任からの解放や大きな安堵を感じられます。

ここで紹介する事例は、私の長年のM&A経験のなかでは結構初期のものですが、最も思い出深く心に刻まれている案件です。

この会社は、ある地方都市で施設を複数運営している介護事業者でした。

業界に詳しくない方のために簡単に説明しますと、介護事業というのは、介護保険制度ができる前には民間企業が参入できない規制産業でした。

介護施設というものも、老人福祉として市区町村が直接運営するか、あるいは社会福祉法人などの非営利団体に委託運営するだけで、民間企業の参入は認められていなかったのです。

2000年の介護保険法の制定は大きなビジネスチャンスと受け止められ、数多くの民間企業が介護事業に参入しました。この社長もチャンスを逃さず介護施設を立ち上げて、きちんと黒字で運営していました。

しかし、介護保険の利用者が増大するにしたがい、介護保険がひっ迫しはじめます。あまり国民に負担をかけるわけにもいかないので、政府は介護保険法を2年に1回見直して、介護報酬を下げていきました。その結果、大挙参入した民間企業はだんだんと利益幅が薄くなっていきました。

もちろん民間企業ですから、そこは企業努力で吸収しようとします。しかし、その結果として運営は苦しくなっていきます。介護職は「3K：きつい、汚い、危険」とマスコミが注目したことなどで不人気職となり、この案件の会社も人手が足りなくなってしまいました。介護を必要とする利用者はいるのに、人手不足で施設の運営が困難になったのです。

人手不足で運営困難な施設は閉所しましたが、借金だけが残りました。稼働している施設のそれぞれは、事業単体としては黒字だったのですが、閉所した施設があるため、借金を返すのが難しくなりました。各施設それぞれの事業としては黒字だったのですが、借入金を返済するにはキャッシュフロー、現金が不足していました。

ここで問題になるのが、事業立ち上げ時の債務です。この会社は、金融機関からの借金で土地を買って建物を建てていました。この支払いが毎年かなりの額に上っていたのですが、閉所した事業所の分も含めて、他の事業所の収益で返済することは厳しい状況でした。

金融機関にはとりあえず、リスケをしてもらいました。毎月の返済を止めて、経営改善を待ってもらうフェーズに入っていました。

このまま経営を続けていても状況は好転しないと考えた社長は、事業の売却を考えるようになりました。

実はこの社長がM＆Aを考えたのは、今回が初めてではありません。事業の利益は上がっているのにいつも人手不足で人探しばかりをやっているような状況に疲れてしまって、後継者もいないまま70歳を超えてしまったこともあり、利益が出ているうちにと事業の売却を検討したことがありました。

そこで大手のM＆A業者に話を聞いてすぐに契約したそうですが、社長にとっては手痛い経験になりました。まず「着手金が必要」と言われて着手金を支払ったのにもかかわらず、その後「いい会社が見つからない」と言われて、まったく買い手企業の紹介がなかったのです。

そのままずるずると1年間が過ぎて「どうするんだろう」と思っていたところ、担当者が来て「1年が過ぎたので契約更新料が必要です」と更新料を請求されました。

まったく話が進まないのに冗談じゃないと腹に据えかねて、その会社とは契約を更新せず、M&Aをあきらめた過去がありました。そんなことがあった後で弊社のことを知り、「相談に乗ってほしい」となり、話をしているうちに「なぜもっと早く営業に来てくれなかったのか」と言われ、再生型M&Aを開始することとなりました。

特定のエリアを中心に動いている会社は、そのエリアならではの情報に精通しているものですが、ローカルエリア特有の事情を理解していない東京の業者がローカルエリアのM&Aを手がけることは、現実問題としてなかなか難しいといえます。

弊社がこの案件に着手してまずとりかかったのが、どのようなスキームで再生するかでした。

今回は事業譲渡により、介護事業の不動産（土地や建物）と営業権をスポンサーに買ってもらい、その対価を借入金の返済にあてるということ。不足分は金融機関に支援していただき、債務免除してもらうというシンプルなものです。

このスキームのポイントは、金融機関が債務免除に応じてくれるかという点です。そのためには私的整理ガイドラインに基づいて手続きを進める必要がありますが、大前提は、事業再生させる大義や公共性があることです。

つまり、この介護事業が社会的福祉の点から公共性が高く、もしも破綻した場合、何十人もの要介護の方が介護の受け場がなくなるという点、従業員の働く場がなくなるという点から、企業の再生は地域経済のため、公共の福祉のための大儀と判断されるかどうかです。

この「再生型M&A」を手がけることができる業者とそうでない業者がありますす。後者の場合、私的整理の手続きをしてスポンサーを探すノウハウがなく、借入金を買い手に負担してもらうスキームを提案するため、価格が割に合わず買い手が見つけられないのです。

そのため、この案件は金融機関の支援が絶対条件でした。それを前提に買い手を探したところ、難航しましたが、複数のスポンサー候補が手をあげてくれました。

このM&A案件のアピールポイントとマイナスポイントと売り手のゴールは次のようになります。

アピールポイント

- 負債を引き継ぐ必要がない。
- 利用者がたくさんいて黒字運営している介護施設複数を一挙に手に入れることができる。
- 運営している施設は、従業員もそのまま引き継ぐことができる。
- 近隣でほかの介護サービスを提供していれば、連携してお互いのシナジーを得ることができる。

マイナスポイント

- 私的整理なので、弁護士や公認会計士などの専門家や金融機関の協力が必要となり、しかも時間がかかる。

- 手続き中は、資金繰りを自力でなんとかする必要がある。
- 介護事業を復活させるまでの人材とノウハウと資金力が必要である。

売り手のゴール

- 施設の利用者や従業員に迷惑をかけることなく、事業を引き継いでもらう。
- 借入金の保証債務からの解放。
- 人材の採用で苦労していたので、人繰りからの解放。
- もう高齢なので、売却後は引き継ぎが終わればそのまま引退したい。

介護施設の売却というだけであれば、利幅は薄くなったとはいえまだまだ安定した業種で、現在も黒字経営なのですから、いくらでも買い手は見つかりそうに思えます。

しかし介護施設というものは、入所系の施設であれば引き受け手が見つかりやすいのですが、この会社が運営していた施設は在宅介護を基本とする利用者向けのショートステイやデイサービスで、入所系の施設が近隣に多数できて、入所者の獲得競争が激しいため、ノウハウがないと買っても活かすことができません。そうなると、新たに介護事業に取り組もうという会社にとっては、それほど魅力的ではありません。

ちなみにこのように介護業界の事情に通じていたのは、私がM&A仲介サービスを始める以前に、介護事業の人材派遣業を行っていたからです。偶然といえば偶然ですが、M&A仲介サービスを始めるときも、勝手をよく知っている介護事業から営業を始めていたので、必然といえるかもしれません。

この案件はいくつかの買い手候補が見つかりましたが、「再生型M&A」の場合、買い手探しだけでなく、もうひとつの難関が立ちふさがっています。それが金融機関の協力を得ることです。

しかし金融機関だって営利企業ですから、「債務を免除してください」と頼まれて、そんなに簡単に「はい、いいですよ」とは言いません。私的整理ガイドラインに基づいた手続きが必要なのです。

つまり、「私的整理ガイドラインに基づいて考えれば、その企業を残すべき社会的な価値があるか」が重要となります。具体的には、次の3点がポイントです。

- **事業に社会性があるかどうか（金融機関が支援する価値があるか）。**
- **雇用が守られるか、地域経済へのダメージを避けられるか。**
- **その会社にスポンサーがつくかどうか。**

「再生型M&A」を手がける仲介業者が少ないのは、そもそもそんなことができるとは知らないというのもありますし、知っていても手間がかかりすぎてコストに見合わないからやりたくないというのと、両方の理由があるでしょう。しかし、私的整理ガイドラインに基づいた再生が可能となったいまでは、活用の可能性が広がるスキームだと思います。

この介護施設は、こうして金融機関に協力してもらったことで、無事に事業譲渡が完了しました。

最初にこの社長に出会ったのがゴールデンウィークの前でしたが、すべてが完了したときには翌年の夏になっていました。しかし、社長には大変に感謝されました。

弊社と契約してからも1年数か月と時間がかかりましたが、事業の譲渡と借入金の整理を完了できたことで、社長には「買い手候補が見つかる早さも、その後の対応もとにかくスムーズだった」と喜んでいただきました。人繰りの悩みで眠れない夜もあったそうですが、引退したいまは釣りやゴルフ、旅行など、のんびり趣味を楽しんでいるそうです。

再生型M&Aの今後

　ここまで見てきたように「再生型Ｍ＆Ａ」は決して簡単なものではないのですが、借金があるから会社が売れないと悩んでいる方がいれば、試してみる価値のあるものだと思います。

　すでに述べたように、多くのＭ＆Ａ仲介業者は「再生型Ｍ＆Ａ」を手がけていません。経験がないから知らないのかもしれませんし、知っていたとしても手間がかかりすぎてパフォーマンスが悪くなってしまうからやらないのでしょう。

　ですから業者がＭ＆Ａというときには、基本的に「事業承継型Ｍ＆Ａ」のことを意味します。

　簡単にまとめると「再生型Ｍ＆Ａ」の場合は、金融機関からの支援と協力が前提条件になります。ですから、関係各所と緊密な連携をとった粘り強い交渉が必要になり、必ずしも成功するとは言い切れないところが難しいのです。

事業が魅力的で社会性があり、世の中にとって残す価値があると金融機関や関係者から判断されなければなりませんし、また借入金の返済を止めてもらえれば資金繰りには困らないという程度には、資金繰りが回っていなければいけません。


「再生型M&A」は難しい手法のひとつですが、それだけにニーズが高いのではないかと考えています。私的整理ガイドラインもできて、特にローカルM&Aにおいては切っても切り離せないものだといえるでしょう。

もしも債務超過であっても、事業に価値があれば売れる、そして借入金も金融機関が協力してくれるという手段である「私的整理ガイドライン」が周知されれば、再生型M&Aも増えるのかなと思います。

私は、この「再生型M&A」を、M&Aを検討しているオーナー自身に知っていただきたいと考えています。こんな選択肢もある、ということを知っていれば、自社の行く先について可能性が広がり、倒産させずに済むのではないか、と思うのです。

ですから、本書をお読みのみなさんが、この「再生型Ｍ＆Ａ」に興味を引かれたのであれば、「再生型Ｍ＆Ａ」を扱っているアドバイザーや弁護士などに相談するのもいいでしょう。従業員の雇用を守るためにも、そして地域社会や経済を廃れさせないためにも、とにかく早く行動することが大切です。

実際、２０２２年4月15日に「中小企業の事業再生等に関するガイドライン」が施行されて以降、企業の再生の現場ではこれを用いた私的整理が急増しているようです。コロナ禍でのゼロゼロ融資の返済がスタートする２０２３年以降は、借入金の返済ができず破産せざるをえない企業で、このガイドラインによる事業再生が増えていくことでしょう。

とはいえ、私的整理というのは破産手続きと一緒で、債務免除で保証を外してもらうためには自分の資産を開示するなどの手続きが必要になります。これを嫌がる社長が多いのですが、破産するよりはずっとましです。ゴールはどこにあるのか、何が大切なのかを考えれば、それぞれが何をするべきかが見えてくることでしょう。

会社が破産すると、従業員もお客さまも社長自身もその家族もみんなが不幸になります。それよりは、余裕があるうちに再生に取り組んだほうがずっとよいはずです。

「再生型M&A」が成功するかどうかは、中小企業の経営者がどれだけ腹を括れるか、そしてその決断の早さにかかっています。せっかくスポンサー企業が現れても、資金繰りが詰まってしまい、私的整理ガイドラインに沿って専門家に協力してもらう前に、破産せざるをえなくなる例もありました。

借入金の返済に苦しんでいるか、借入金がなくなれば事業は続いていくと思う経営者は、子どもたちのために、いま自分が裸になる勇気を持ってください。裸になって、事業を買ってくださいとお願いをする——そしてまた裸一貫で出直せばいいのです。

「再生型M&A」は、成功すると売り手も買い手も人生が変わります。買い手は負債なく、割安で、事業も社員も事業用不動産も引き継ぐことができるので、比較的早く投資回収し、事業を成長させることができます。

売り手は、倒産直前だった会社の借金もなくなり、社員やお客さまに迷惑をかけることなく引き継いでもらえるのです。まさにマイナスからプラスへの大逆転です。

これを読んだ方は、借金が大きくてもM&Aできるスキームがあるということを頭の片隅にでもとどめておいて、悩んでいる経営者がいれば、ぜひ教えてあげてください。

第4章

M&Aの行方

M&Aをめぐる状況

現在、日本の中小企業の間では「経営者の高齢化」が大きな問題になっています。2000年には中小企業経営者の年齢の最多層は50~54歳でしたが、2015年にはそれが65~69歳になり、2020年には70~74歳がほぼ最多層となりました。

70歳以上の経営者の数は年々増え続けており、年をとって引退したくても後継者が見つからないために引退できない現実が見えてきます。

一般社団法人金融財政事情研究会編著の『日本のM&Aの歴史と未来』によれば、2025年には経営者の6割が70歳を超え、多くの中小企業が後継者難で廃業して、約650万人の雇用が失われるとの分析結果もあるそうです。

実際、日本の事業者数(個人事業者を除く)は1999年には約485万社あったのに、毎年7~8万社ほど減り続けて、2016年には約359万社に

図4　年代別に見た中小企業経営者の年齢分布

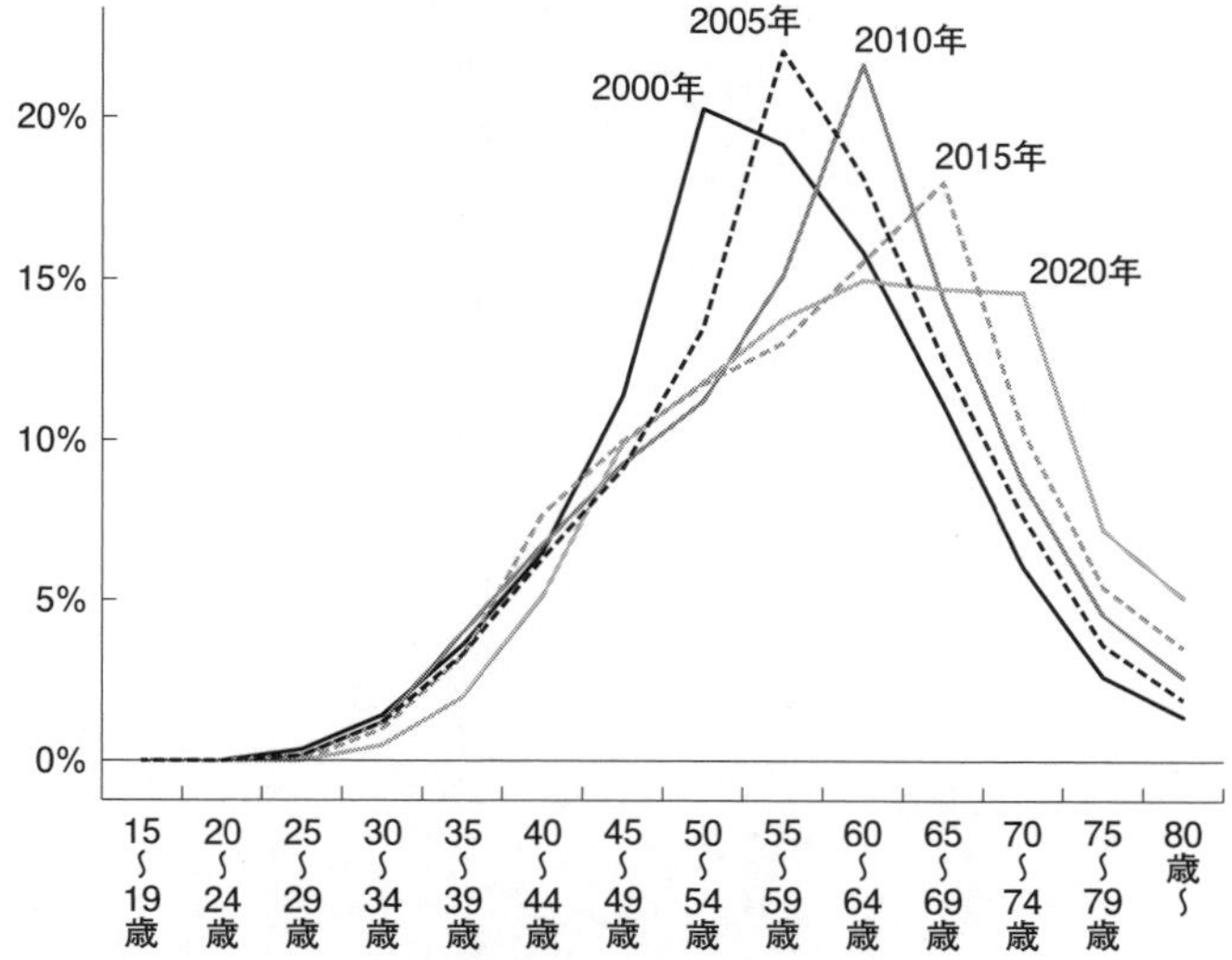

（注）「2020年」については、2020年9月時点のデータを集計している。
出典：中小企業庁「2022年版 小規模企業白書」をもとに作成

まで減少しています。そのうち約1万社が大企業で、残りの約358万社が中小企業です。

2025年にはそのうちの6割以上にあたる約245万社の経営者が70歳を超えるといわれていますが、そのうちの127万社が後継者不在であるそうです。

その結果として黒字企業の廃業が進めば日本経済にとって大きなダメージになります。

その打開策として期待されているのがローカル中小企業のM&A、本書でお伝えしてきた「ローカルM&A」です。M&Aによって廃業する企業の命を救うことができれば、地方の経済や雇用の地盤沈下を防ぐことができます。

図5　1985年以降のマーケット別M&A件数の推移

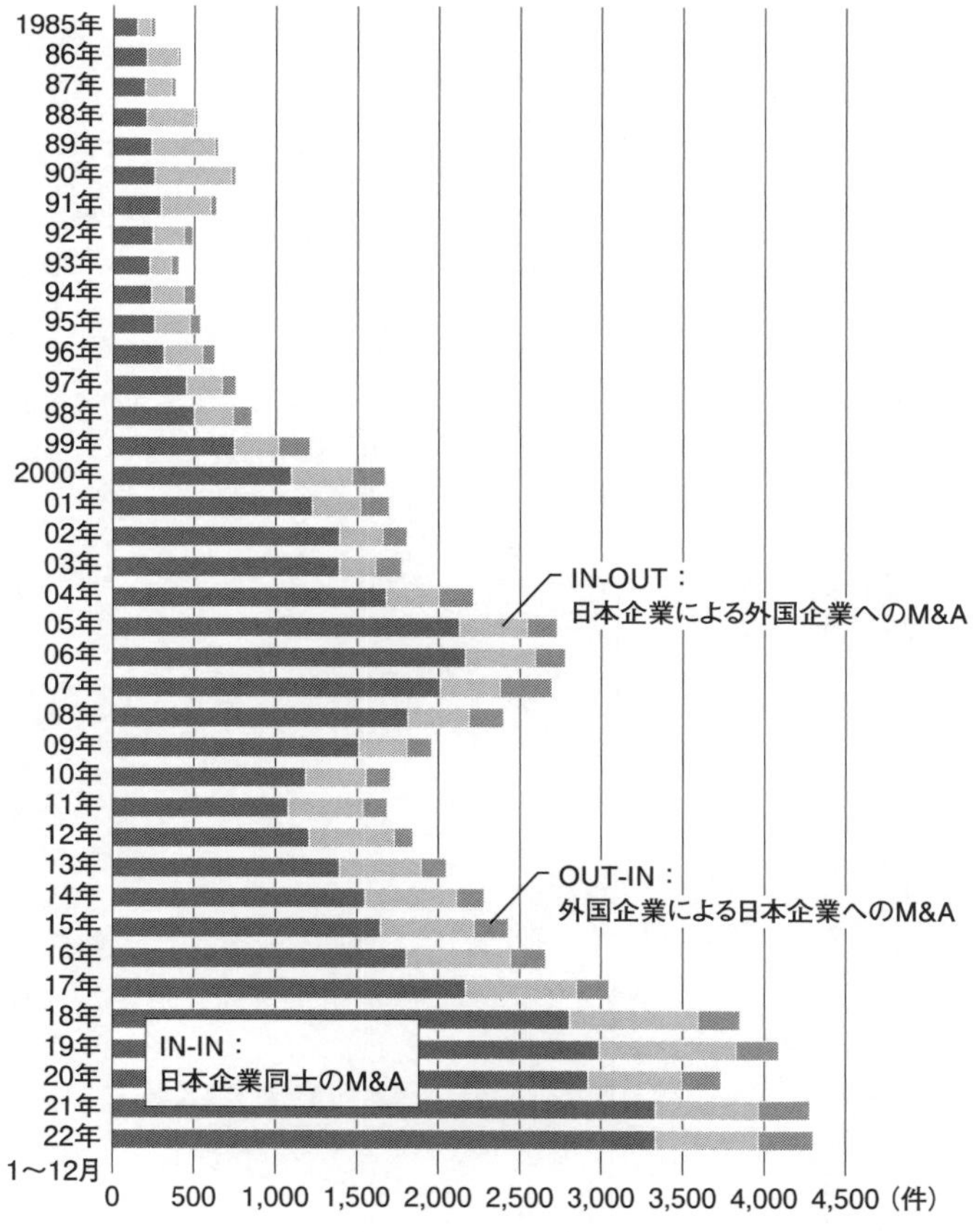

出典：マールオンライン「グラフで見るM&A動向」（2023年9月）をもとに作成

M&Aの多様性

「はじめに」でも述べたように、従来、マスコミが世界をにぎわせているM&Aは、大手企業のM&Aをさすことがほとんどです。しかし、どちらかといえばローカル中小企業のM&A、「ローカルM&A」こそが日本経済を支えるものになると私は信じています。

そしてローカルM&Aとは、いわゆるメディアで取りざたされるような大手企業のM&Aとは大きく異なるものであることを、みなさんに理解してもらうことが本書の目的のひとつとなります。

では、ローカルM&Aとはどのようなものなのか。

それは第一に後継者不在という課題を解消するためのものです。大手企業のM&Aは、ビジネス、つまり経済合理性を考えて行われることが多いのですが、中小企業のM&Aは会社の存続をかけてのプロジェクトであり、経済合理性だ

図6　M&A実施後、譲渡企業の従業員の雇用継続の状況

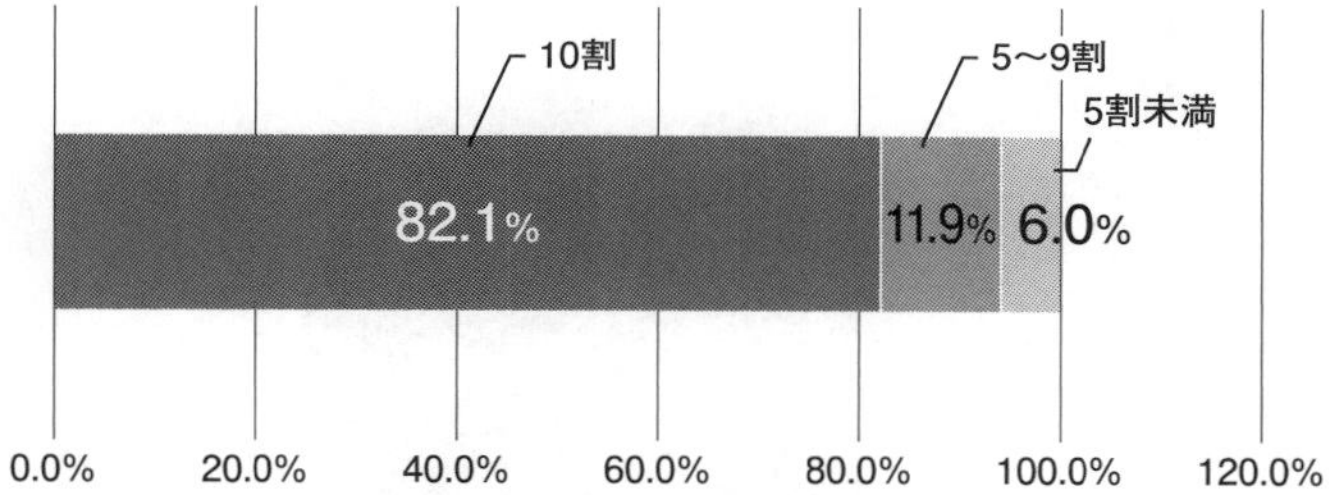

（注）1. M&Aの実施について、「2015年以降にM&Aを実施したことがある」と回答した者に対する質問。
2.「ほぼ全員」と回答したものを「10割」と表記している。
出典：中小企業庁「2021年版 中小企業白書」をもとに作成

けではかられるものではありません。

第二に、従業員の雇用継続を求める企業が多いことがあげられます。そして実際に、M&Aを実施した企業の8割以上で、全従業員の雇用継続が行われています。

第三に、譲渡金額がそれほど高額ではないので、中小企業でも買い手に加われます。

中小企業庁が策定した「中小M&A推進計画」によれば、中小M&Aでは全体の約30%が500万円未満での取引となっています。これはおそらく債務も込みでの売却になるため、差し引きで譲渡

図7　中小M&Aの譲渡側・譲受側の規模

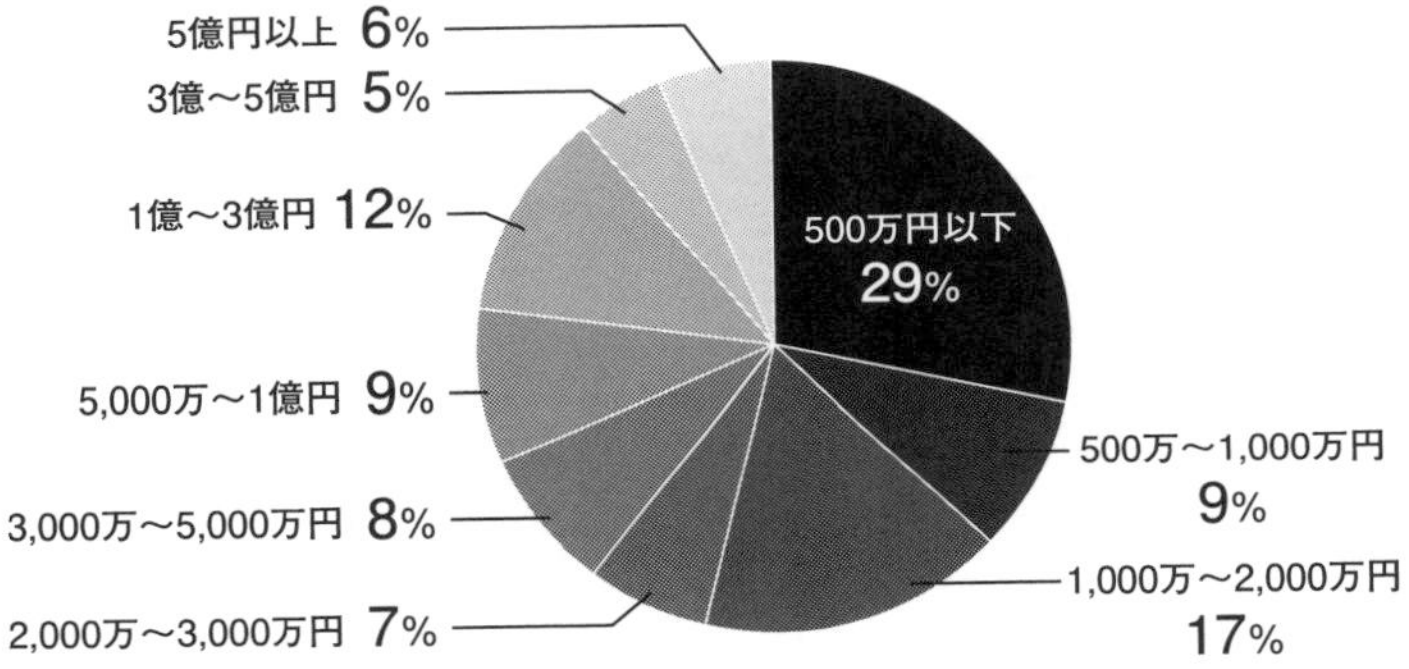

（注）2018年度の成約案件について、民間M&A仲介業者及び事業引継ぎ支援センターへのアンケート結果を集計。
出典：中小企業庁「中小M&A推進計画」（2021年）をもとに作成

価格が抑えられているものと思われます。

実際、M&A仲介業者へのアンケートでは、中小M&Aの買い手企業の9割以上が資本金1億円以下の企業であるそうです。

そのため中小M&Aの件数はここ5年間で急激に増加し、足元では年間3000～4000件も実施されていると推測できます。とはいえ、中小M&Aに参加する企業は70%以上が関東・甲信越地域に存立しているように、首都圏偏重の傾向が強く、地方への波及はまだまだこれからという状況です。

M&A仲介業者の進展

M&Aの件数が首都圏に集中していて、地方ではまだあまりおこなわれていないことの背景として、M&Aをうながす仲介業者が地方には少ないことがあげられます。

そのため、地方都市の中小企業は、廃業にあたって有用なアドバイスを受けることができません。実際、廃業した経営者へのアンケート調査では、67・2%の経営者が、廃業するかどうかを家族・親族にしか相談していないことが明らかになりました。

これについて中小企業庁は「外部の専門機関・専門家への相談は比較的少なく、経営者は他者への相談を躊躇する傾向にあると考えられる。このため、経営資源の引継ぎや転廃業のタイミングに関して専門的な視点からの検討がされ

図8　廃業した経営者が廃業に向けて相談した相手は?

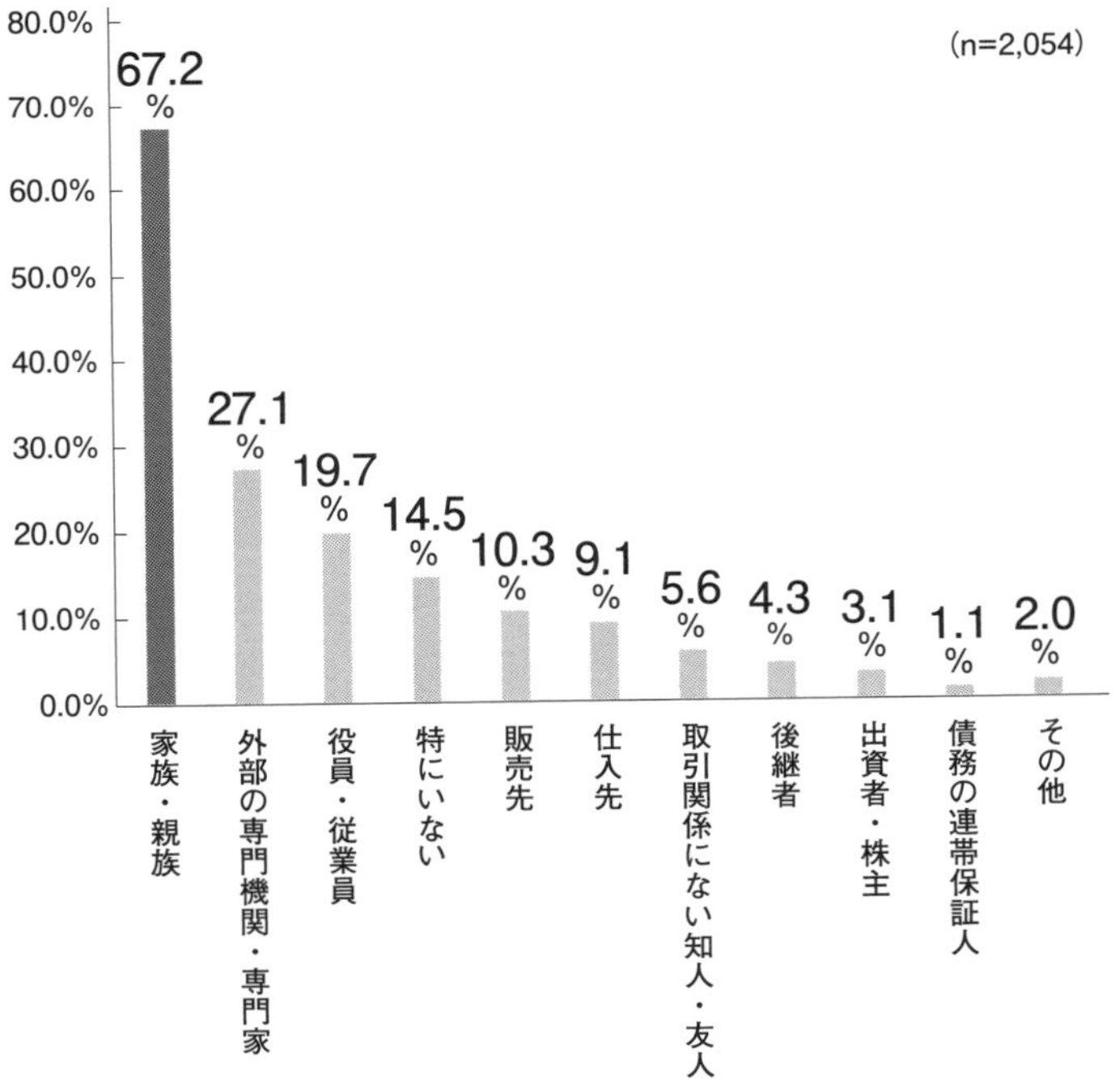

（注）1. ここでいう「廃業した経営者」とは、引退後の事業承継について「承継していない」と回答した者をいう。
2. 複数回答のため、合計は必ずしも100%にならない。

出典：みずほ情報総研（株）「中小企業・小規模事業者の次世代への承継及び経営者の引退に関する調査」（2018年12月）をもとに作成

ていない可能性が高いものと考えられる」と結論づけています。

とはいえ、M&A仲介業者も徐々にではありますが全国に増えています。M&A専門業者およびM&Aプラットフォーマーの数は、1987年には全国に24社でしたが、2020年末時点では370社にのぼりました。また、2022年度のM&A支援機関の登録数は3117件で、前年度から300件増加と、確実に増えています。

また、地域金融機関や信用金庫もM&Aの相談に対応するようになり、その受付件数も近年はうなぎのぼりに増えています。

とはいえ、その体制はまだ十分とはいえません。M&A専門業者の半数は4名以下の小規模事業者であり、地方銀行の6割、信用金庫や信用組合の9割も、M&A支援には4名以下の人員しか割いていません。

また、M&A専門業者の活動地域も首都圏に偏っていて、その8割が東京を中心に営業をしています。地方で活動しているM&A専門業者は、およそ半数程度しか見つかりません。

図9　M&Aに特化した業者とM&Aプラットフォームの数の推移

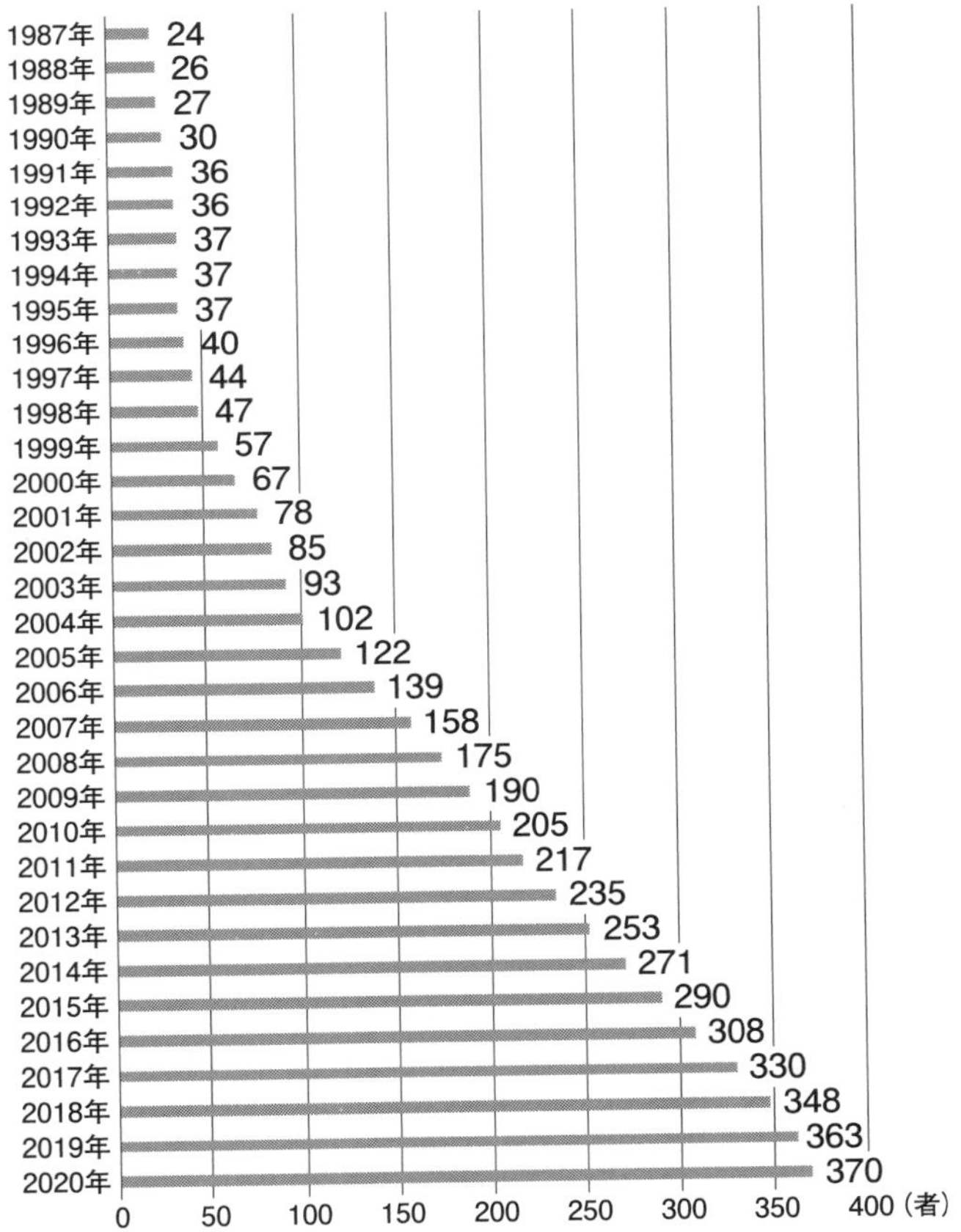

（注）2020年12月31日現在・設立年判明分
出典：中小企業庁「中小M&A推進計画」（2021年4月）をもとに作成

このようにM&Aには首都圏と地方との活動格差、情報格差が存在します。私がこの本を書いたのはその情報格差を少しでも埋めるためですし、新潟県を拠点に活動するのもローカルM&Aをこの国に根付かせたいとの思いからです。

ローカルM&Aが日本社会・経済にもたらすもの

ローカル中小企業のM&Aが、都市部の大企業のM&Aとは異なる現状が見えてきたでしょうか。

とはいえ両者の間にも接点があります。それは、売り手側がローカル中小企業であったとしても、買い手側は必ずしも地方都市企業とも中小企業とも限らず、東京の中小企業が買い手として名乗りをあげることもあれば、地方都市の大企業が買い手になることもあります。

ローカル中小企業のM&Aというと、ローカルな小規模合併のようなイメージがありますが、そうとも限りません。むしろ他地域や他業種の企業に買ってもらってこそ、再生や成長などのM&Aの効果が出やすいような気がします。

では逆に、ローカルM&Aに通底しているものは何でしょうか。

それは、やはり売り手側企業の共通性とそれにまつわる課題でしょう。全国展開していなくてその地域の中だけでマーケットシェアが高いというのがローカル中小企業に共通する特徴ですが、それに伴い、小規模の家族経営なので成長性や将来性に乏しく、後継者がいないために廃業の危機に直面しています。

これらの企業はほうっておくといずれはそのまま廃業してしまうものですが、その事業をM&Aによって他の企業に売却して再生することで、新たな将来性や成長性が生まれて、その地方の経済や雇用や利便性を高めることになります。

私自身、新潟市という地方都市に住んでいるので日々実感していることですが、地方都市は独自のメーカーやお店がどんどん減っていって、画一化が徐々に進行する傾向にあります。それをいちがいに悪いということはできませんが、地方と都会とでは単純に画一化できない差異が存在します。

それは地方の独自性です。

観光を考えてみればわかりやすいのですが、都会の人が地方に観光に行くとき、それは「都会にないもの」を求めています。つまり、あまりにも画一化して都会と地方との差がなくなってしまうと、それは観光資源の喪失や郷土の歴史や伝統の破壊をもまねきかねません。

つまり、これからの地方都市に必要なのは、その地方の独自性を活かした会社ではないかと思うのです。

そう考えたときに、何年、何十年も続いてきたローカル中小企業を次々と廃業に追いやるのは、どう考えても得策ではありません。後継者がいなかったり、業績不振で首が回らなかったりという課題はあるのかもしれませんが、そのような会社をM＆Aで再生することこそ、地方が取り組むべきことではないかと考えます。

実際に、地方都市で生き残っていく会社は、ターゲットとしたエリア面と分野面のニッチさにおいて独特ですが、なかには全国や世界をマーケットにした事業もあり、いずれにせよ地方の独自性を体現した会社が多いように思います。そういった中小零細企業に他社の資本が入ったとしても、それで地方の魂が失われるわけではありません。

私の経験からいえば、むしろ新しい血が入ることで、いい変化の契機になることが多いのです。どうせ地方の中小企業で都会には見向きもされないというようなフィーリングがあった会社が、「誰かに買ってもらった会社」になることで、従業員や顧客など周囲からの見る目も変わり、いい風が吹き始めるのです。

M&Aによって、看板や従業員は変わらなかったとしても、新しいオーナーになることで会社のルールや労働環境などは確実に変わります。それが良い方向に変わるのか、悪い方向に変わるのかは人によってとらえかたが異なるかもしれませんが、私の見る限りではたいてい良い方向に変わります。なぜかといえば、外部の目線が入ることで、こりかたまっていた会社の空気が変わり、さまざまなところに穴があいて風通しがよくなるからです。

具体的にいえば、オフィスがきれいになったりします。給料や人事制度も変わります。そしてオーナーが代わったことで、それまで言えなかった不満も言えるようになります。なぜならば、その不満は旧オーナーに対してのもので、新オーナーには関係がないからです。

これまでの問題点に対する改善の提言を積極的に行うことで、従業員にとって働きやすい環境が実現する可能性は高いのです。

そもそもM&Aで会社を買収しようという企業は、現状維持をしたいわけではなく、積極的に改善をして業績を上げたり売り上げを増やしたりしたいのです。ですから確実に成長路線を志向して、前向きな社員や意識の高い社員を優遇するでしょう。

図10で中小M&Aの売り手企業の目的を見ると、「事業の成長・発展」というものもありますが、一番は「従業員の雇用の維持」であったり「後継者不在」

図10　M&Aにおける譲渡側と譲受側の目的は?

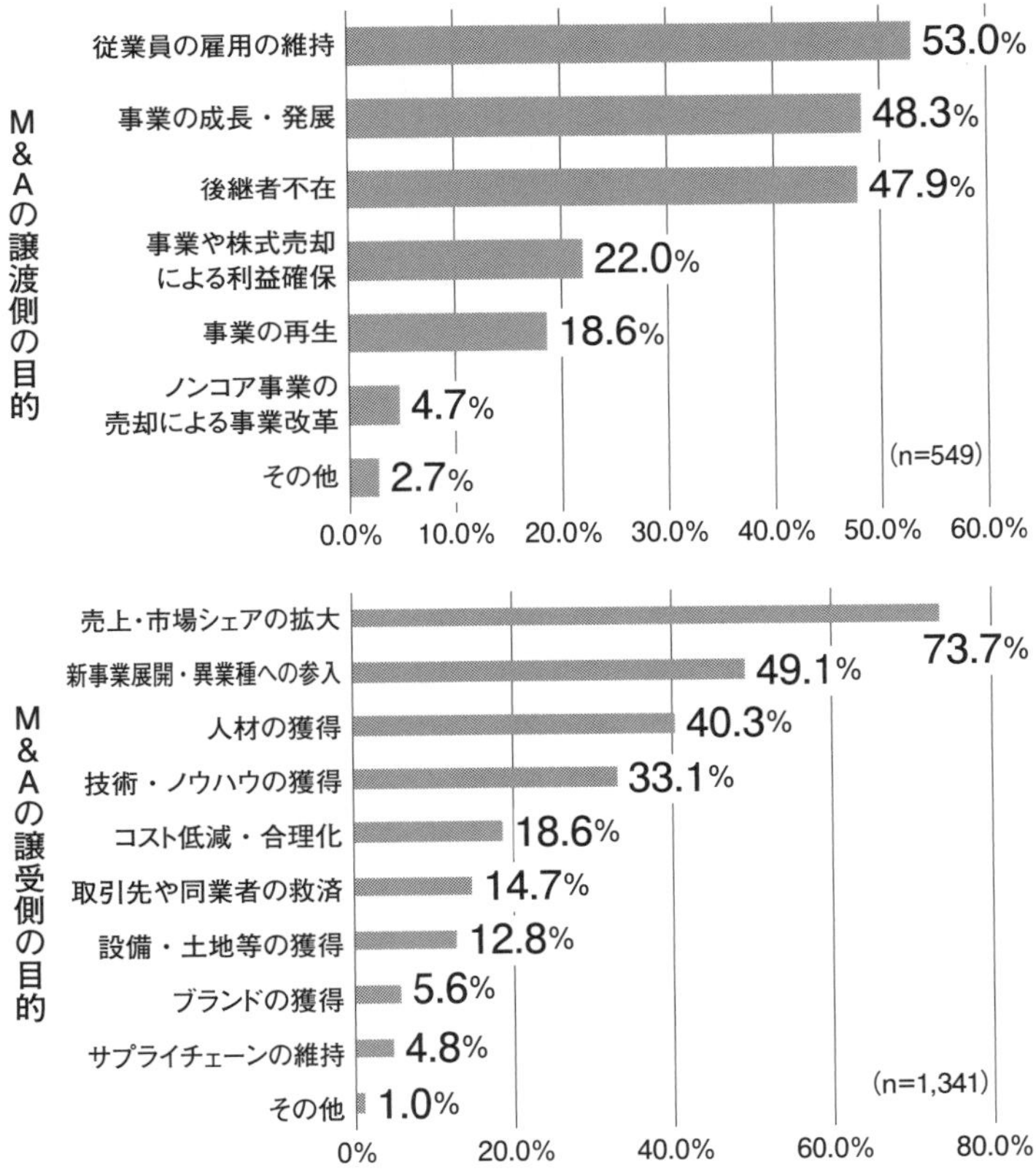

（注）1. M&Aの実施意向について「売り手として意向あり」、「買い手・売り手ともに意向あり」と回答した者に対する質問。
2. 複数回答のため、合計は必ずしも100%にならない。
出典：中小企業庁「中小M&A推進計画」（2021年4月）

であったり「売却による利益確保」であったりと、事業の存続と経営者の引退というものが見えてきます。

逆に買い手企業の目的を見ると、一番が「売上・市場シェアの拡大」で、次が「新事業展開・異業種への参入」、そして「人材の獲得」「技術・ノウハウの獲得」と積極的な攻めの経営に関する言葉が並んでいます。

これがそのまま、M&Aの前とM&Aの後の企業体質の違いになります。

中小企業庁の調査によれば、M&Aを実施した企業の過半数が「ほぼ期待通りの成果が得られている」と回答しています。いまやM&Aは長期的な企業の成長のためには積極的に行うべきもの、いや欠かせないものになりつつあります。

おもしろいのは、M&Aを1~2件しか行っていない企業の場合、「期待を上回る成果が得られている」「ほぼ期待通りの成果が得られている」と回答したのは合わせて45%しかないのですが、これが3~5件のM&A経験がある企業になると66%、6件以上のM&A経験がある企業になると80%と激増すること

図11　過去5年間に実施したM&Aの成果（M&Aの実施件数別）

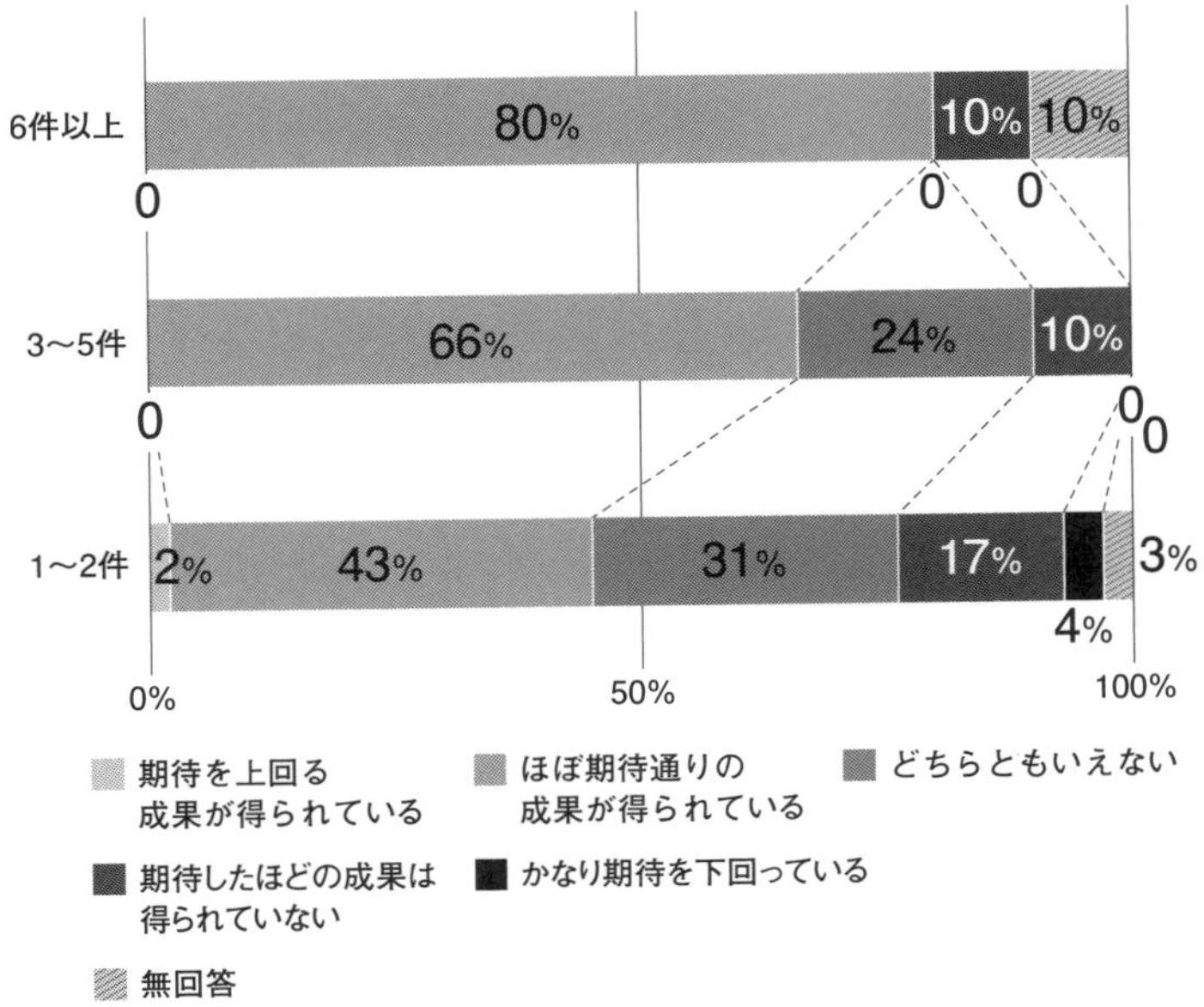

出典：三菱UFJリサーチ&コンサルティング「中堅・中小企業におけるM&Aの実態調査」（2007年10月）をもとに作成

です。

もちろん、M&Aで成功したから次々と新しいM&Aに手を染めたのであって、回数が多ければ成功するのではなく、成功したから回数が多いのだと考えることもできます。因果関係は逆であるかもしれません。

しかし、次のように考えることもできます。M&Aの経験を積めば積むほど、M&Aで買収した企業のマネジメントが上手になって、成果を上げることが容易になるのだと。私はどちらかといえばこの説を採りたいと考えています。

地方都市の活性化

逆に買い手側から見たときに、ローカル中小企業にはどのような魅力があるのでしょうか。

あなたが東京の企業であれば、地方都市は人口が減りつづけているために市場としての魅力はそれほど大きくないと感じるかもしれませんが、逆にそこに活路が見つかったり、事業のヒントが見つかったりすることもあります。

また、もしあなたが同じく地方都市でがんばる中小企業であれば、同じ地方都市の中小企業をM&Aで買収することは、よりメリットがあります。俗に「隣の土地は借金してでも買え」などと言われるように、近い属性の企業はあなたの企業と親和性が高く、お金で簡単にスケールメリットを手に入れるチャンスになるからです。

具体的にいえば、小売販売業が隣の市の同業他社を買収すれば、労せずしてエリアと事業規模を広げることになります。また、同業ではないとしても周辺事業を買収すれば、総合企業への道が開けることになります。

中小企業のM&Aというと、やはりセオリーとしては資金力のある大手企業に話を持っていくことが多いのですが、実は東京の大手企業はなかなか地方都市の中小企業に興味を持ってくれません。それよりも同じ地方都市でがんばっている中小企業に話を持っていったほうが、意外とシナジーも高くて買収後もうまくいくことが多いのです。

これはM&A仲介業者の盲点ではないかと考えています。たしかに大手企業のほうが資金力があることが多いのですが、隣町とか近隣のエリアで同規模からちょっと大きいくらいの規模の会社に話を持っていくと、意外と興味を持ってくれることがあります。あまりにも規模が違いすぎると興味を持ってもらえないので、その匙加減が難しいところです。

売り手企業の側が「知っている人には売りたくない」「近い企業には売りたくない」と拒否することも多く、特にM&Aに対する拒否感が強かった一昔前は、そのような理由から近隣企業の買収は成立しにくいことが多かったのですが、最近はそういった忌避感も少なくなりました。

かつて日本にはM&Aは「乗っ取り」であるという間違ったイメージがありました。戦後すぐの混乱期には、敵対的M&Aで株の買い占めをするなど「乗っ取り」に近いM&Aがおこなわれていたことも原因のひとつでしょう。その相手が知人だったり同業の競争相手だったりすると、感情的におもしろくないのはわかります。

しかし、地域振興や地方経済の活性化という面から考えた場合、ローカル中小企業同士のＭ＆Ａが最もシナジーがあって、うまくいく可能性が高いのです。売りにくいローカル中小企業の場合、地域とか業界とかが近い企業のほうが買い手になってくれやすいですし、人や文化も近いためにＭ＆Ａ後も好調になる例が多いのです。

もしも地方都市の中小企業がなかなか売れないとしたら、その理由は事業に魅力がないからです。その魅力は何かというと、将来性です。社員が高齢の方ばかりという状態、あるいは社長だけでなく社員の世代交代が進んでいない会社に魅力はありません。

そうやって強い企業が生まれてお金が入ってくれば、ますますＭ＆Ａをしやすくなります。日本のために、未来の子どもたちのために、売り手も買い手もどうすればその地方のためになるかを考えていただければ幸いです。

ローカルM&Aの未来

近年、地方都市から大手企業の事業所や工場が撤退するという話が相次いでいます。

たとえば、敷地面積が8・13万平方メートルに及んだパナソニックの岡山工場。1973年に操業を開始して以来、VHSビデオデッキの製造拠点として年間300万もの生産台数を誇ったのですが、時代の流れから徐々に規模を縮小し、ついに2021年で閉鎖となりました。

あるいは29万平方メートルの広さを持つ東芝の深谷事業所。1965年に日本初のカラーテレビ専門工場として操業を開始し、東芝グループの映像デバイス事業の中核拠点でしたが、いまやテレビ事業そのものがなくなり、やはり2021年で閉鎖となりました。

かつて加ト吉の名前で親しまれた冷凍うどんのテーブルマーク株式会社も、

2022年までに香川県の3工場を閉鎖しました。

一般論でいえば、地方都市の工業地帯から大手企業が撤退すると、従業員はリストラされて、跡地は別の用途の工場に再利用されることが多いようです。地方都市は、地域経済の活性化のために、首都圏の大企業を我が町に誘致しようと熱心です。工業団地なら格安の地代や税金の優遇、町の中心部ならオフィスの賃料補助制度などをアピールポイントとして、あの手この手で大企業を引き込もうとしますが、大企業の工場やオフィスでの雇用の増員と、のちの税収アップを狙っています。

しかし地域の活性化という観点でいえば、その地域に根ざして事業を続けてきた中小企業のほうがよほど頼りになりますし、そのためにも地方都市の中小企業の活性化が喫緊の課題であると私は考えています。

私は新潟市西蒲区で生まれ育ち、大学を出て東京で就職し、長野県松本市、東京都渋谷区、千葉県浦安市などで暮らし、しかるのちに故郷の新潟市にUターンしてきました。都会と地方都市の両方を経験したものとして、どちらにもメリットとデメリットがあることを感じています。どちらに住むかは、個人の価値感やライフスタイルによって選択できればいいのだと思います。

地方都市の特性でいえば、それぞれのエリアが経済や行政を中心としてまとまり、ひとつの文化が息づいていて、都会にはないおもしろさがあると感じています。固有の食や祭事などの文化が昔からずっと引き継がれていること、人口が少ないだけにさまざまな機能が中心部に集約されて、効率的な住みやすい環境をつくっているといった魅力もあります。

そのような魅力ある地方都市をどう活性化していくのか。それにあたっては雇用の場所をどう創出していくかが大きなポイントとなりますが、安易に大企業を引き込もうとするのではなく、そのエリアにずっと根ざしてきた中小企業それぞれが力を発揮することが不可欠なのではないでしょうか。

好き嫌いでいえば、私は地方都市が好きです。現在はまだ都会に比べて、地方は何もないといったような、地方を見下げる言説も流通していますが、最近は地方にしかないとか、地方ならではの良さといったものが、だんだんと目立ってきたように思います。

たとえば近年、都市部での競争が激化していること、都市部での生活や仕事にかかるコスト負担の増大から、クリエイターが地方に移住する例が増えています。実際、茨城県北茨城市では「芸術によるまちづくり」を掲げて北茨城市の環境と特徴を活かした芸術活動を行う「地域活性化の一助を担うアーティスト」を募集したり、宮崎県新富町では、この町でアーティスト活動をしてもらい、移住者が運営する「新富の家」に無料で宿泊できるというサービスを開始されたりなど、クリエイターを地方に引き込もうとする動きが見られます。

地方都市とアートという関係でいえば、実は私の住む新潟県でも「大地の芸術祭」という大きなアートイベントが開催されています。「アートを道しるべに里山を巡る新しい旅」というコンセプトで、1年を通して里山の自然の中に作品が展示されます。季節に合わせた巡りかたが可能で、里山をめぐるバスツアーも開催され、アートによる地域づくりの先進事例として注目されていますが、これをきっかけに、新潟県にもクリエイターの移住が増えるかもしれません。

クリエイターでなくとも、かつては画一的に「都会の大学に行って、都会で就職」と考えていた若い世代も、コロナ禍をきっかけとして変わりつつあるようです。「移住先ランキング」などを見れば、都会の20代から30代は地方での暮らしも視野に入れていることがうかがえます。結婚してからのUターン就職も増えており、多くの若い世代が地方に目を向けはじめたように思います。

そういったときのために、十分に魅力的な地方都市をつくりあげるのが、大人である私たちの役目であると考えています。そして、地方都市を支えるのが地元の企業であり、地元の企業こそがUターンを受け入れる働き口となるのです。

現在、地方出身で都会に進学して都会で働いている若い人たちが、何かのきっかけで都会のネガティブな面に嫌気がさしたとき、移住もしくはUターン先の選択肢として検討に値するような地方都市を、わくわくして安心して住めるような状態で残しておかなければ、彼ら彼女らは帰ってきてくれないでしょう。

だからこそ、ローカルM&Aが重要なのです。

現在都会で働いている若い人たちが、地元に帰ろうかなと思ったとき、ここなら働いてもいいと思えるような魅力的な企業は、M&Aを通じての絶えざる改善と成長がなければ、なかなかつくりあげることができません。歴史と伝統は結構ですが、企業体質まで旧弊で頑迷固陋なものであったら、若い人はすぐに逃げ出してしまうでしょう。M&Aによって新しい風を入れることが、企業の寿命を永らえさせるひとつの手段になります。

M&Aは企業に新しい血を入れ、生まれ変わる手段です。まさに企業の「再生」であり、「REBORN」こそローカルM&Aの真骨頂なのです。

また、都会で成功した若い人が地元に帰ろうと考えたときに、どうせなら地元の企業を買って再生したいと思うかもしれません。というより、そう思うような元気な若い人を育てていかなければ、日本経済の復活はなかなか望めないでしょう。

私の住む新潟県は起業する人が少ないといわれている不名誉な県ですが、そんな新潟県でさえ、次世代の高成長なベンチャーや第二創業者の輩出を目的に、新潟県に縁のある若手経営者等が集まって、新潟ベンチャー協会という団体ができて、起業したい人を支援しています。地元の銀行や経済会の支援するベンチャー企業を応援するファンドもできて、ベンチャー起業への出資体制も整えています。

そうはいっても、ゼロからの起業は難しいものです。そこで活用したいのが、後継者のいない中小企業です。

現在、Ｍ＆Ａの買い手はどんどん多様化していますが、将来的には起業したい若者が、Ｍ＆Ａの買い手となって企業を「ＲＥＢＯＲＮ」させてくれるようになってほしいと考えています。

ローカルM&Aは事業承継の手段ですが、その買い手は同じエリアの近隣県や都市圏と、いろいろな人が地方都市に参入する契機となります。それによって、地方経済の活性化につながるでしょう。

繰り返しますが、M&Aは企業を生まれ変わらせる手段です。事業承継型M&Aにしても、企業の名称や箱や社員は同じでも経営者が交わり、新しい血が入ります。そして、それまでのいいところややり方を踏襲し、徐々に改善し、成長させていくこと。これがローカルM&Aの目指すことであり、我々のようなM&Aアドバイザーサービスを地方で展開する意義があります。

これから地方経済はより活性化していくでしょうし、それに伴ってローカルM&Aの意義もますます大きくなっていくことでしょう。

おわりに

M&Aの買い手企業は経済合理性だけで売り手を探していると考えられがちですが、「M&Aがしたい」ではなく「こういう企業がほしい」と、ピンポイントで探している企業の場合はそれだけではありません。「あそこのエリアマーケットがほしい」「このような技術を持った職人がほしい」「自社の事業とシナジー効果のある周辺事業がほしい」など、買い手側の理由はさまざまです。つまり、財務諸表がそれほどかんばしくない中小企業でも、そのような買い手企業を探してマッチングして、数字に表れていない魅力をきちんと説明することで、M&Aのディールは成立するのです。

そのM&Aが成立する要素として大事なのは、買い手の経営者が改善するポイントとシナジー効果が見えているかどうか、買収後の成長シナリオが描かれているかどうかです。

そのような中小企業のなかには「いまは利益が出ていないけれども、将来的にはプラスになる要素がある」企業も多くあります。ディールが終わってから数年後に再び見てみると、そういった会社はやはり大きく成長していることが多いものです。

私のこれまでの経験からいえば、「がちがちに数字を見て石橋を叩いてデューデリジェンスを行い、M&Aの買収をする会社」よりも、「不確定要素は必ずあるので、ある程度腹を括り、リスクはあるものと割り切って買う会社」のほうが成長のスピードが速いように思います。社長のカンが鋭い、と言ってしまえばそれまでですが、リーダーシップみたいなこととも関係しているのでしょう。

結局、M&Aで会社を買うというのは、その会社の現状ではなくポテンシャルを見て、それを自社がどれだけ成長させられるかにかかっているのでしょう。

特に中小企業では、いくら過去の財務諸表を見てもマーケット調査をしても、わからない不確定要素が多いのです。教科書的なロジックには当てはまらないのに地方都市で成功している企業が数多く存在します。だからこそ、ローカル

M&Aはおもしろい、と私は考えています。

また地方都市には、後継者が東京や大阪に出ていってしまって帰ってこないという問題があり、後継者が不在の企業が多く存在します。社長さんたちは「子どもの好きなようにさせてやりたい」と、その運命を受け入れているのですが、一方では自分が手塩にかけてきた企業も子どものようなもので、寂しげな表情を見せることがよくあります。

せっかくの事業を終わらせることなく、社長さんたちの思いをつなぎたい。そんな気持ちが、いまの私の仕事につながっています。

私の家の場合、父の会社は兄が引き継いだので後継者に困ることはなかったのですが、銀行勤務時に中小企業の社長さんにたくさんお会いし、どんな思いを持って経営しているのかをうかがってきたことで、「後継者難」は決して他人事ではありませんでした。

社長の思いを受け止めて次の世代につなげたい。そこで、自分が後継者になることはできなくても、せめて後継者を探すことだけでもしたいと考えたのです。

私は、M&Aで何を実現したいのか。それは、企業をつぶすことなく永続する会社にすることです。具体的にいえば、後継者がいない企業に対して後継者を見つけることであり、ひいては、地方都市の衰退を防ぎ、地方都市で暮らす喜びを分かち合えるようにすることです。

私自身、新潟市という地方都市で長年暮らすうちに、年々その思いが強まっています。

企業を永続させる「サステナブルM&A」という考え方については、「はじめに」で述べた通りですが、本書をお読みいただいたみなさんには、地方都市の中小企業がM&Aを行うことでどのような活路が拓けるのかが、おわかりいただけたのではないかと思います。

M&Aとは、その企業の永続性を明確に示すことができる、ひとつの手段です。すなわち、売り手企業にとっては「この会社に売れば、自社の価値が向上し、成長できる」という未来を示し、買い手企業にとっては「この会社を買うことで、自社の未来がこのように拓ける」というビジョンを描いてくれるものです。

その意味では売り手企業からすれば、たくさんの会社に手を挙げてもらう必要はなく、「たった1社」に出合えればいいわけです。永続性を叶えるM&Aを実現するためには、1社1社の実情にていねいに向き合うこと。その企業の価値を永く持続させるために、真摯な姿勢で「たった1社」を探し、引き合わせることが重要であることを、日々痛感しています。

激変が続き、さまざまな不安が高まる現代において、本書で述べたローカルM&Aは、社会の行く先を明るく照らしてくれるひとつの解になるのではないか。私は、ローカルM&Aのアドバイザーは天職だと思っております。天職を全うし、地方都市の中小企業を、ローカルM&Aによって生まれ変わるお手伝いをしていきたいと思います。
最後に、この本を書くにあたって、相談に乗ってくれてアドバイスをいただいたブランクエストの矢口さん、佐藤さん、ありがとうございました。

2023年10月吉日　絆コーポレーション代表取締役社長　小川潤也

参考文献

鈴木義行編著『M&A実務ハンドブック　会計・税務・企業評価と買収契約の進め方〔第5版〕』（中央経済社、２０１９年）
藤井一郎著『M&A仲介会社の社長が明かす中小企業M&Aの真実 決定版——50のQ&Aで知りたいことが全部わかる！　最高の入門書』（ダイヤモンド社、２０２１年）
森・濱田松本法律事務所編『M&A法大系』（有斐閣、２０１５年）
西村あさひ法律事務所編『M&A法大全（上）〔全訂版〕』（商事法務、２０１９年）
今中利昭、小田修司、内藤卓、高井伸夫編集『会社分割の理論・実務と書式—労働契約承継、会計・税務、登記・担保実務まで—〔第6版〕』（民事法研究会、２０１３年）
山崎良太、稲生隆浩著、藤原総一郎監修『私的整理の理論・実務と書式—法的整理への移行、労務、登記、税務まで—』（民事法研究会、２０１９年）
西村あさひ法律事務所編『事業再生大全』（商事法務、２０１９年）
M&A総合法律事務所、公認会計士佐藤信祐事務所著『事業承継M&Aの実務 株式譲渡・事業譲渡・会社分割に係る契約書の逐条解説付き』（清文社、２０１９年）
多比羅誠編著『進め方がよくわかる　私的整理手続と実務〔改訂版〕』（第一法規、２０２２年）
大石篤史、酒井真、小山浩、栗原宏幸編著『税務・法務を統合したM&A戦略〔第3版〕』（中央経済社、２０２２年）
村木良平著『中小企業M&A 株式譲渡の税務』（きんざい、２０２１年）
梅田亜由美著『中小企業M&A実務必携　法務編』（きんざい、２０１６年）
村木良平著『中小企業M&A実務必携　税務編〔第2版〕』（きんざい、２０１８年）
梅田亜由美著『中小企業M&A実務必携　法務編〔第2版〕』（きんざい、２０１９年）
浜田法男、権田修一、天野清一著『中小企業再生の実務　金融機関対応と法的手続き』（日本評論社、２０１３年）
タックス・ロー合同研究会編著『「中小企業の事業再生等ガイドライン」対応　事業再生・廃業支援の手引き』（清文社、２０２２年）

小川潤也 Junya Ogawa

株式会社絆コーポレーション　代表取締役

1975年新潟県新潟市（旧巻町）生まれ。株式会社絆コーポレーション代表取締役社長。大学卒業後、1998年に株式会社富士銀行（現・みずほ銀行）入行。法人担当として融資、事業再生、M&Aなどの総合金融サービスを手がける。2004年、医療介護の人材サービスを手がける株式会社ケアスタッフに入社し、2007年に代表取締役に就任。また、銀行勤務時代に培った新規取引先の開拓やM&A支援経験を生かし、地方都市の後継者不在、事業承継ニーズに応えるべく、株式会社絆コーポレーションを設立。事業承継型と再生型のM&Aアドバイザリー事業を展開。著書に『継がない子、残したい親のM&A戦略』（幻冬舎）がある。

ローカルM&A

地方《ち ほう》都市《と し》中小《ちゅうしょう》企業《き ぎょう》の
「価値《か ち》」と「思《おも》い」を次世代《じ せ だい》につなぐ究極解《きゅうきょくかい》

2023年11月28日　第1刷発行

著者　小川潤也《お がわじゅん や》

発行者　寺田俊治

発行所　株式会社 日刊現代
東京都中央区新川1-3-17　新川三幸ビル
郵便番号　104-8007
電話　03-5244-9620

発売所　株式会社 講談社
東京都文京区音羽2-12-21
郵便番号　112-8001
電話　03-5395-3606

印刷所／製本所　中央精版印刷株式会社

表紙・本文デザイン　菊池祐（ライラック）
編集協力　ブランクエスト

C0036

ISBN978-4-06-534294-7